Astro**coaching**
2024

CHRIS SEMET

Capricorne

21 OU 22 DÉCEMBRE AU 19 OU 20 JANVIER

Votre horoscope 2024 mensuel et personnalisé

Hugo New Life

Sommaire

Avertissement

Un horoscope n'a rien de prédictif, il s'agit simplement d'une météo, d'une large tendance mettant en avant les influences et les périodes positives ou moins fastes en fonction des «courants» planétaires.
Il ne s'agit donc pas d'une étude personnalisée comme peut l'être l'analyse d'un thème astral.
Voyez-le comme un outil, une aide, un repère et nullement comme une vérité.

Votre nouvel horoscope sur mesure

Dans cet ouvrage se présentant comme un horoscope, j'ai souhaité vous donner des clés afin de vous permettre de mieux appréhender l'année à venir.

Si vous trouvez les grands traits de votre caractère, les ressources dont vous disposez pour affronter les grandes échéances de la vie ainsi que les grandes ambiances de 2024, j'ai voulu que vous puissiez être autonome dans la compréhension et l'observation des astres. Voyez-le comme un outil d'astrologie et de coaching ainsi qu'une introduction aidée à cette discipline.

Tout en vous accompagnant et en vous livrant une météo mensuelle adaptée à votre signe, vous aurez le loisir grâce aux aides et explications présentes de dresser vous-même votre propre horoscope au fil des mois.

Que trouverez-vous dans cet horoscope?

Une initiation rapide à l'astrologie
Votre portrait astro domaine par domaine
Des espaces notes à remplir
Des encarts à compléter pour déterminer vos priorités
ou vos objectifs
Les cartes du ciel mois par mois
Le passage des planètes dans les signes et leur rétrogradation
Les aspects planétaires mensuels
Les Pleines et Nouvelles Lunes
Votre horoscope mensuel

Point astro
Rappel des glyphes astro

Le zodiaque

SIGNES	Symboles	Éléments	Modes
Bélier	♈	Feu	Cardinal
Taureau	♉	Terre	Fixe
Gémeaux	♊	Air	Mutable
Cancer	♋	Eau	Cardinal
Lion	♌	Feu	Fixe
Vierge	♍	Terre	Mutable
Balance	♎	Air	Cardinal
Scorpion	♏	Eau	Fixe
Sagittaire	♐	Feu	Mutable
Capricorne	♑ ou ♑	Terre	Cardinal
Verseau	♒	Air	Fixe
Poissons	♓	Eau	Mutable

Les planètes

PLANÈTES	Symboles
Lune	☽
Soleil	☉
Mercure	☿
Vénus	♀
Mars	♂
Jupiter	♃
Saturne	♄
Uranus	♅
Neptune	♆
Pluton	♇
ASTÉROÏDES / POINTS FICTIFS	**Symboles**
Chiron	⚷
Junon	⚵
Cérès	⚳
Lune noire moyenne	⚸
Nœud Sud	☋
Nœud Nord	☊

Les aspects

ASPECTS PLANÉTAIRES	Symboles
Conjonction	☌
Sextile	⚹
Trigone	△
Quinconce	⚻
Carré	□
Opposition	☍

Aide à l'utilisation de cet horoscope

Les aspects planétaires

Les planètes interagissent entre elles et avec les signes du zodiaque, et ce, en fonction de la position de votre Soleil mais également des autres astres de votre thème astral.

Chaque signe fait 30°, divisé en trois parties de 10°.
C'est ce que l'on appelle les décans.
Le zodiaque composé de douze signes est de 360°.

Ces « liens » entre les objets célestes sont appelés **aspects**. Les aspects dits majeurs (les plus utilisés) sont au nombre de six.

La conjonction: elle unit des planètes (deux ou plus) qui se situent entre 0 et 8° d'écart dans le zodiaque. Souvent cet aspect se fait dans le même signe ou à cheval entre deux signes voisins. Son influence dépend des planètes qui sont en relation. Il peut être neutre, positif ou négatif.

Le sextile: il lie deux planètes qui se trouvent à plus ou moins 60° d'écart. Il met en relation deux signes dont l'élément est complémentaire. (Exemple: élément Terre + élément Eau, Capricorne et Poissons ou Scorpion. Élément Feu + élément Air, Sagittaire et **Verseau ou Balance**.) C'est un aspect positif qui représente une ouverture, une libération, une solution ou une facilité.

Le carré: il met sous tension des astres séparés de 90° dans des signes de même mode. Négatif bien que source de défis, il est synonyme de conflits, de chocs, de remises en question, d'imprévus, de luttes et de difficultés, d'électrochocs, de prises de conscience.

Le trigone: ici, les planètes reliées se trouvent à plus ou moins 120° d'écart. Cet aspect unit deux signes de même élément. (Exemple: le Feu, Lion et Sagittaire ou Bélier et Sagittaire). C'est un aspect positif qui «parle» d'évolution, de bien-être, de satisfaction, de réussite et de concrétisation.

Le quinconce: c'est un angle de 150° (cinq signes d'écart). Soit le signe qui précède ou qui suit celui de même élément. Il symbolise une remise en question, la résolution d'une problématique ou une prise de conscience.

L'opposition: les planètes se trouvent dans le signe opposé. Elles ont plus ou moins 180° de différence. Aspect difficile, obstacles, retards, tensions, dépassement de soi ou d'un problème sont au programme. Parfois, elle pousse ou oblige à prendre des décisions.

Les planètes

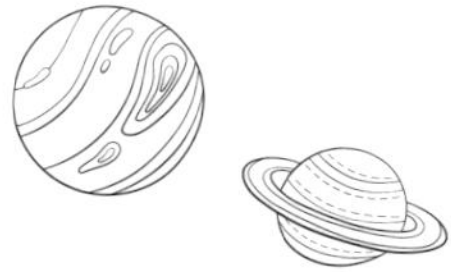

Le Soleil: lorsque celui-ci fait un bon aspect à votre signe ou votre ascendant, il donne clarté d'esprit, énergie et confiance en soi. Il est également un indice de la résolution d'un problème. En mauvais aspect, il signale un manque de clairvoyance, de vision, d'optimisme, de détermination et de direction. Il peut également avertir d'un problème de vitalité.

La Lune: planète d'une grande rapidité ne restant que deux à trois jours dans un signe, voyez-la comme un indicateur d'humeur. C'est en partie elle qui influe sur le fait que nous soyons bien ou mal «lunés». Elle est en lien avec les émotions.

Mercure: en bon aspect, elle annonce une jolie période de communication et d'échanges. Les rencontres, les sorties, les invitations sont à l'honneur. C'est aussi un cycle propice pour les démarches et la concentration. En mauvais aspect, elle rend insouciant, dispersé, confus dans ses idées, bavard, indiscipliné. Cela peut également indiquer un manque d'idées.

Vénus: favorable, elle est l'indice de moments de douceur et d'harmonie. Propice à la complicité, elle est positive pour les relations conjugales. Planète de l'amour, elle favorise les rencontres. Synonyme de joie, elle «parle» de réjouissances et de festivités. En mauvais aspect, elle est source d'insatisfaction, d'excès, de mal-être, de confusions sentimentales et de déceptions.

Mars: astre de l'action, lorsqu'elle est bénéfique, elle stimule, donnant énergie et combativité. Elle permet de relever les défis et de se dépasser. Souvent, elle représente le début d'une action. Au négatif, elle présage de conflits, de tensions, de chocs, de confrontations, voire d'autodestruction.

Jupiter: planète de l'expansion, au positif, elle offre chance, occasion, succès, énergie et abondance. En mauvais aspect, elle annonce excès en tout genre, débordement, aggravation d'une situation, échec, problèmes administratifs ou juridiques.

Saturne: astre du temps, au positif, elle permet d'enraciner une relation ou une position. Elle donne l'occasion de grandir et de gagner en maturité ou en responsabilités. Négative, les retards, les obstacles, les oppositions, les contraintes, les restrictions ou les épreuves sont à prévoir.

Uranus: en bon aspect à votre signe, elle annonce renouveau, inspiration, libération, résolution d'un problème, nouvel élan, chance et opportunités. À l'inverse, elle est synonyme de révolte, d'imprévus, de remises en question, de crise(s), de réorientation, de difficultés en tout genre.

Neptune: lorsqu'elle passe en angle positif, elle est porteuse d'intuition, de créativité et de fantaisie. Elle donne envie d'explorer des horizons lointains et de s'ouvrir à d'autres perspectives. En mauvais aspect, elle est signe de doutes, de confusions, de problèmes insolubles, de troubles divers, de mauvais choix ou de mauvaises décisions, voire d'échec.

Pluton: c'est l'astre des transformations positives ou négatives. Symbole de mort ou de renaissance, avec elle, ça passe ou ça casse, quel que soit le domaine. Elle évoque les grands carrefours de l'existence.

Chiron: ce petit «Jupiter» développe la curiosité et le désir d'apprendre. Souvent, il annonce une formation ou un stage. Il est favorable à l'épanouissement familial ou conjugal. En mauvais aspect, il nous met face à nos instincts primaires. Les excès rythment notre quotidien. Il est indicateur de tensions.

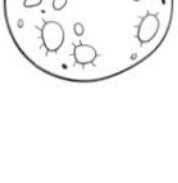

Cérès : associé à la récolte, cet astéroïde est plus ou moins en lien avec l'abondance. En bon aspect, il prédispose à la croissance des revenus, à l'épanouissement personnel et familial. C'est aussi l'astre des négociations et des compromis. Négatif, il évoque un break, une mise à l'écart volontaire ou subie, des tensions et des désaccords ainsi qu'une période de « disette ».

Junon : nommé la « petite Vénus », ce planétoïde est favorable à l'épanouissement personnel, familial et conjugal. Il est le symbole des associations et des officialisations. En mauvais aspect, il est signe de jalousie, de conflits, de désaccords majeurs, voire de rupture.

La Lune noire moyenne : ce point fictif invite à trancher, décider, s'engager, renoncer, refuser, sortir des sentiers battus, s'ouvrir à l'inconnu. En position défavorable, elle est synonyme d'effondrement, de destruction, de la fin d'un cycle ou d'une situation, d'un changement profond.

LES PLANÈTES RÉTROGRADES

Lorsque les planètes sont dans cet état et que vous regardez la carte du ciel, celles-ci semblent revenir sur leurs pas dans le zodiaque. De ce fait, beaucoup de «théories» ont vu le jour. Qui n'a pas entendu parler de Mercure rétrograde et de tous les maux qu'elle cause (retard, grève, problèmes de courrier ou informatiques, etc.). En l'espace de quelques années, à cause de croyances ésotériques, elle est devenue la bête noire des pseudo-professionnels de l'astrologie comme des profanes.

Si d'un point de vue terrestre, une planète rétrograde donne l'impression de faire demi-tour, d'un point de vue astronomique, il ne s'agit pas du tout de cela. C'est un effet d'optique essentiellement dû à la géométrie des orbites et à la vitesse des planètes. Dans la réalité «stellaire», il ne se passe rien de particulier. Les astres continuent leur évolution sur leur écliptique. Le mode rétrograde en astrologie se produit lorsqu'un astre est au plus près de la Terre et que notre planète le dépasse.

En conclusion, l'astre rétrograde plus proche de nous a une «influence» beaucoup plus forte et marquée. Il n'est en rien négatif ou problématique. Une planète rétrograde est donc au paroxysme de ses effets.

Positions célestes favorables et défavorables pour vous, Capricorne

En fonction de votre signe, selon l'emplacement des astres, ces derniers sont source de périodes de chance, d'évolution ou au contraire d'entrave, de tensions ou de problèmes.

Les **planètes** vous sont **bénéfiques** si elles se situent en **Scorpion, Poissons, Taureau** et **Vierge**.

Un astre est **neutre** ou a une influence variable en fonction des aspects qu'il forme avec les autres objets célestes lorsqu'il se trouve dans **votre signe** (**Capricorne**) ou dans celui opposé (**Cancer**).

L'impact planétaire est dit «**négatif**» lorsqu'une planète passe dans les signes du **Bélier** et/ou de la **Balance**.

Si vous connaissez votre signe lunaire (l'emplacement de votre Lune de naissance) ou votre ascendant, vous pouvez affiner les courants astraux.

Afin de vous aider dans « l'utilisation » des planètes et d'exploiter au mieux leurs courants, reportez-vous aux livres suivants : ***ASTROLOGIE, le manuel indispensable pour décrypter son thème astral*** ainsi que ***LES TRANSITS PLANÉTAIRES, le manuel indispensable pour interpréter les périodes clés de notre vie.***

Qui êtes-vous? Quelles sont vos ressources?

Votre personnalité 

Dernier signe de Terre, gouverné par Saturne, la planète la plus rigide et froide du zodiaque, vous êtes une personne introvertie, timide, réservée, solitaire, indépendante et peu communicante. Ainsi, êtes-vous difficile d'approche et votre entourage peut parfois avoir du mal à vous comprendre ou à vous percer à jour. Méfiant, vous vous cachez et protégez derrière une carapace et vous mettez du temps avant de vous dévoiler ou de donner votre confiance. Ne devient pas votre ami qui veut. Plutôt conservateur, vous êtes extrêmement attaché à vos habitudes, votre famille et vos racines. Régulièrement dans l'analyse, vous êtes réfléchi et possédez un bon esprit d'à-propos. Le contrôle et la maîtrise sont votre marque de fabrique. Tenace, vous êtes déterminé, entier et volontaire.

Les points forts de votre caractère

Votre sens de l'observation, votre capacité à comprendre les choses les plus complexes, votre patience, votre prudence, votre résistance, votre facilité à prendre de la hauteur…

Les points qui vous desservent

Votre méfiance maladive, votre tendance à tout critiquer ou à vivre constamment dans le passé, votre pessimisme, votre froideur, votre autoritarisme, votre insatisfaction permanente, votre penchant pour l'amertume, votre côté avare.

Vous et votre travail

Méticuleux, volontaire, déterminé, vous êtes un travailleur hors pair. Dans l'exécution de vos tâches, vous vous révélez logique et carré. Ainsi malgré une certaine indépendance, votre attachement aux conventions et à l'ordre vous donne un grand sens du devoir. De fait, vous êtes le plus souvent respectueux de votre hiérarchie et des règles qui structurent votre milieu professionnel. Solide, vous ne craignez pas les responsabilités. Votre capacité à porter de larges charges fait de vous un dirigeant né. Malgré un certain manque de spontanéité et de créativité, vous êtes productif et efficace. Régulier dans vos efforts, lorsque vous avez une idée en tête, vous allez jusqu'au bout. Solitaire, le travail d'équipe n'est pas votre point fort. Peu communicatif, vous êtes souvent incompris de vos collaborateurs et vos relations peuvent en pâtir. Calculateur, vous ne faites rien au hasard et vous vous donnez les moyens de réussir. Patient, vous gravissez les échelons étape par étape en prenant votre temps. Ambitieux, votre réalisation personnelle passe par votre carrière. Vous n'êtes pas un « fan » des changements de dernière minute et des remises en question.

Les orientations qui vous conviennent

L'archéologie, l'histoire, la technologie, la recherche, la science, l'informatique, l'agronomie, l'agriculture, le bâtiment, le foncier, l'immobilier, la finance, l'administration, la politique, la gériatrie, la gérontologie, le social…

Conseils astro pour mieux vivre le travail

Pour être encore plus efficace dans votre activité, vous gagnerez à faire preuve d'un peu plus d'inventivité et d'adaptabilité. Pour apaiser vos relations avec votre entourage professionnel, essayez de faire un effort de communication. Ne vous montrez pas trop directif ou autoritaire. Ne cherchez pas à tout contrôler, laissez un peu de place au hasard, cela vous aidera à mieux vivre certaines situations.

À la retraite

En bon signe de Terre, d'une nature prudente, vous êtes prévoyant. Ainsi, anticipez-vous ce grand carrefour de l'existence. Travailleur acharné, vous n'avez pas peur de reculer votre départ à la retraite, car même si vous préparez des années plus tôt cette étape, vous ne concevez pas d'être au ban de la société. Rester actif est donc indispensable à votre bon équilibre. Toujours dans l'idée de garder la maîtrise de votre vie, vous organisez les moindres détails de votre retraite. Pour certains, cette étape peut être vécue comme un échec, une mise au placard source de frustration et de crainte. Toutefois, après avoir fait votre introspection, vous reprenez en main votre vie. Solitaire, vous aimez pratiquer vos propres loisirs dans votre coin. Votre vie peut également s'organiser autour de votre famille.

Vous et vos amours

Gouverné par Saturne, vous êtes dans le contrôle. Ainsi, n'êtes-vous pas à votre aise avec les sentiments ou la séduction. Vous faites partie des signes qui préfèrent être séduits. Discret, secret et réservé, avant de vous déclarer, vous avez besoin d'être sûr de ce que vous ressentez. Il faut donc que vous vous sentiez en confiance pour être vous-même et par conséquent un certain temps vous est nécessaire avant de vous dévoiler. La personne qui s'intéresse à vous devra faire preuve de patience si elle veut vous séduire et vous charmer. Très cérébral, vous ne tombez pas amoureux facilement. C'est d'ailleurs un sentiment qui naît petit à petit, étape par étape, émotion par émotion.

Exigeant et sélectif, vous pouvez attendre longtemps avant de vous engager ou de vous investir dans une relation. Vous êtes de ces signes qui se stabilisent sur le tard. Exigeant, vous préférez rester seul que d'être mal accompagné. Votre peur de souffrir et d'être déçu vous pousse constamment à rester seul.

Une fois en couple, votre partenaire peut compter sur votre solidité et votre présence. Toutefois, peu démonstratif et communicatif, votre moitié devra apprendre à lire entre les lignes pour vous comprendre.

Conseils astro pour mieux vivre vos amours

Si vous avez besoin d'être conforté dans vos sentiments, dites-vous que votre partenaire également. Faites un effort. Soyez plus doux, plus attentif, plus démonstratif et, par conséquent, plus affectueux. Ne craignez pas de montrer votre sensibilité ainsi que vos faiblesses. Arrêtez de jouer les gros durs.

Vous et votre vitalité

Vous êtes le « roc » du zodiaque et vous donnez bien souvent l'impression que rien ne peut vous atteindre, ce qui n'est pas toujours vrai. D'une grande détermination et d'une volonté à toute épreuve, vous êtes doté d'une grande force mentale et d'un *self control* redoutable. À votre manière, vous pouvez tout affronter ou presque. Peu à l'écoute de votre corps, vous méprisez les rappels de votre organisme. Conséquence, vous pouvez vous effondrer du jour au lendemain sans aucun signe avant-coureur. Vous possédez une grande connaissance de vos limites et de votre potentiel, mais vous devez apprendre à vous arrêter et à vous reposer. Ne rien faire n'est pas un gros mot !

Vos points faibles

Les genoux, les articulations,
les os, les dents, la peau.

Calculez votre ascendant

Pour pouvoir calculer votre ascendant, vous devez connaître vos jour, mois, année, heure (à 10 minutes près) de naissance.

Pour les personnes qui souhaitent monter leur thème astral, l'indication de votre ville natale est indispensable.
Voici quelques applications ou logiciels qui peuvent vous faciliter la vie et le travail.

Tablettes et téléphones

Apple : iPhemeris (cartes natales, cartes des transits, progressions, repositionnement, révolution solaire, synastrie, éphémérides de 1700 à 2099 et la possibilité de personnaliser chaque élément).
Android: Astrology Ephemeris Pro (éphémérides planétaires) / Astrodox ou Astroworx (édification des thèmes astraux).

Ordinateurs
Apple: Astroquick.
Windows: Auréas.

Repérez votre heure sidérale correspondant
à votre jour et votre mois de naissance
dans le tableau consacré à cet effet.
Additionnez votre heure de naissance à l'heure sidérale.
Né après 1916 et avant 1940, retranchez une heure.
Né entre 1940 et 1945, soustrayez deux heures.
Après 1945, retirez systématiquement une heure.
À partir de 1976, en période d'été, enlevez une heure
de plus (soit deux heures).

Si votre total est supérieur à 24 heures,
retirez 24 heures pour obtenir l'heure définitive.

Une fois le résultat obtenu, reportez-vous au tableau
des ascendants pour voir lequel vous correspond.

Exemple 1

19.11.1964 à 2h15
Heure sidérale du 19 novembre = 3h47
3h47 + 2h15 = 5h62, soit 6h02
En 1964, retirez une heure, soit 5h02 = ascendant Vierge
Cette personne est donc **Scorpion** ascendant **Vierge**.

Exemple 2

27.12.1983 à 23h55
Heure sidérale pour le 27 décembre = 6h20
6h20 + 23h55 = 29h75, soit 30h15
Plus de 24 heures, retranchez-les, vous obtenez : 6h15
Né en 1983 en hiver, ôtez une heure, soit 5h15 = ascendant Vierge
Cette personne est donc **Capricorne** ascendant **Vierge.**

Tableau des heures sidérales

Jour	Janv.	Févr.	Mars	Avril	Mai	Juin	Juil.	Août	Sept.	Oct.	Nov.	Déc.
1	6h36	8h37	10h32	12h35	14h32	16h35	18h34	20h36	22h38	0h36	2h38	4h37
2	6h39	8h41	10h36	12h39	14h36	16h42	18h37	20h40	22h42	0h40	2h42	4h41
3	6h43	8h45	10h39	12h43	14h40	16h46	18h41	20h44	22h46	0h44	2h46	4h45
4	6h47	8h49	10h43	12h47	14h44	16h50	18h45	20h49	22h51	0h48	2h50	4h50
5	6h51	8h53	10h47	12h51	14h48	16h54	18h48	20h54	22h54	0h54	2h54	4h53
6	6h55	8h57	10h51	12h54	14h52	16h58	18h53	20h56	22h58	0h56	2h58	4h56
7	7h00	9h01	10h55	12h57	14h56	17h02	18h57	20h59	23h02	1h00	3h02	5h00
8	7h03	9h05	11h00	13h01	15h00	17h06	19h01	21h03	23h06	1h05	3h08	5h04
9	7h07	9h09	11h04	13h06	15h04	17h10	19h04	21h07	23h10	1h09	3h12	5h09
10	7h17	9h19	11h14	13h14	15h09	17h15	19h11	21h12	23h14	1h14	3h15	5h13
11	7h16	9h22	11h17	13h17	15h17	17h23	19h12	21h15	23h17	1h18	3h18	5h14
12	7h20	9h23	11h18	13h20	15h20	17h26	19h14	21h16	23h18	1h21	3h21	5h17
13	7h22	9h25	11h20	13h21	15h23	17h29	19h18	21h19	23h22	1h22	3h23	5h20
14	7h25	9h28	11h23	13h24	15h24	17h30	19h22	21h22	23h25	1h25	3h27	5h23
15	7h28	9h33	11h26	13h27	15h27	17h33	19h27	21h26	23h29	1h29	3h31	5h27
16	7h34	9h41	11h32	13h32	15h30	17h36	19h30	21h32	23h34	1h32	3h35	5h33
17	7h37	9h43	11h35	13h36	15h35	17h41	19h33	21h36	23h38	1h36	3h40	5h37
18	7h42	9h46	11h41	13h42	15h38	17h44	19h38	21h41	23h42	1h40	3h43	5h40
19	7h46	9h50	11h44	13h46	15h44	17h50	19h42	21h44	23h46	1h44	3h47	5h45
20	7h51	9h53	11h47	13h49	15h48	17h54	19h46	21h48	23h50	1h48	3h50	5h49
21	7h54	9h57	11h53	13h51	15h51	17h57	19h52	21h55	23h57	1h55	3h57	5h56
22	7h59	9h59	12h00	13h57	15h53	17h59	19h57	22h00	23h59	2h00	4h02	6h00
23	8h03	10h03	12h04	14h01	15h59	18h05	20h01	22h03	0h05	2h03	4h05	6h04
24	8h07	10h08	12h07	14h06	16h03	18h09	20h06	22h07	0h09	2h06	4h09	6h08
25	8h11	10h13	12h08	14h10	16h08	18h14	20h09	22h11	0h13	2h11	4h13	6h12
26	8h15	10h17	12h10	14h14	16h12	18h18	20h14	22h15	0h17	2h16	4h18	6h17
27	8h19	10h21	12h14	14h18	16h16	18h22	20h17	22h19	0h22	2h19	4h21	6h20
28	8h23	10h25	12h20	14h22	16h20	18h26	20h22	22h23	0h26	2h23	4h25	6h23
29	8h26	10h29	12h23	14h26	16h24	18h30	20h25	22h26	0h29	2h27	4h29	6h27
30	8h30		12h26	14h29	16h28	18h33	20h29	22h30	0h34	2h32	4h33	6h31
31	8h34		12h30		16h31		20h33	22h35		2h36		6h35

Tableau des ascendants

Ascendant Lion	De 0h34 à 3h16
Ascendant Vierge	De 3h17 à 6h00
Ascendant Balance	De 6h01 à 8h43
Ascendant Scorpion	De 8h44 à 11h25
Ascendant Sagittaire	De 11h26 à 13h53
Ascendant Capricorne	De 13h54 à 15h42
Ascendant Verseau	De 15h43 à 17h00
Ascendant Poissons	De 17h01 à 17h58
Ascendant Bélier	De 17h59 à 18h58
Ascendant Taureau	De 18h59 à 20h17
Ascendant Gémeaux	De 20h18 à 22h08
Ascendant Cancer	De 22h09 à 0h33

Que vous apporte votre ascendant?

Avec un ascendant **Bélier** ou **Sagittaire**, vous êtes plus rapide, plus vif, plus passionné, plus indépendant et réactif ainsi que plus impulsif. Couplé à un ascendant **Lion**, vous donnez une grande importance à votre vie et surtout à votre réussite professionnelle.

Ascendant **Vierge**, **Taureau** ou **Capricorne**, très cérébral, toujours dans l'analyse, votre vie émotionnelle est intériorisée. Vous éprouvez de nombreuses difficultés à exprimer ce que vous ressentez, quel que soit le domaine.

Marqué par un ascendant **Gémeaux**, vous communiquez avec une plus grande facilité et vous êtes moins «sauvage». Néanmoins, vous êtes très cérébral.

Avec un ascendant **Verseau**, vous devez faire face à un conflit intérieur. Ainsi, êtes-vous souvent partagé entre regrets et désir d'avancer. Bien que plus communicatif, vous n'en restez pas moins un grand indépendant, voire un solitaire.

Si votre ascendant est **Balance**, vous êtes plus doux, plus romantique, ce qui ne vous empêche pas de temps à autre de faire preuve de rigidité d'esprit ainsi que de froideur.

Ascendant **Cancer** ou **Poissons**, vous possédez une grande sensibilité et une belle créativité. Vous avez le sens de la famille et des responsabilités.

Ascendant **Scorpion**, vous êtes d'une nature assez pessimiste à moins que vous ne vous montriez défaitiste ou fataliste. Votre principale qualité est votre extrême capacité de compréhension des événements ou des situations qui jalonnent votre existence.

Vous pensez bien vous connaître, listez vos points forts et vos points faibles.

Vos points forts

☆ ……………………………………………………

☆ ……………………………………………………

☆ ……………………………………………………

☆ ……………………………………………………

☆ ……………………………………………………

☆ ……………………………………………………

☆ ……………………………………………………

☆ ……………………………………………………

☆ ……………………………………………………

Vos points faibles

☆ ....

....

....

☆ ....

....

....

☆ ....

....

....

☆ ....

....

....

☆ ....

....

....

Que pensez-vous pouvoir améliorer chez vous ?

☆ ....

....

....

☆ ....

....

....

☆ ....

....

....

☆ ....

....

....

☆ ....

....

Vous reconnaissez-vous dans votre profil astro ? Si non, écrivez ci-dessous ce qui vous définit ou différencie du signe du Capricorne.

Pour comprendre pourquoi le signe du **Capricorne** ne vous correspond pas vraiment, n'hésitez pas à explorer plus en détail votre thème astral. Peut-être avez-vous une dominante planétaire qui enferme ce signe de **Terre**. Peut-être possédez-vous une configuration planétaire particulière au sein d'un autre signe qui prend le pas sur votre signe solaire.

Pour savoir quelle influence astro vous correspond, cochez dans le tableau suivant les tempéraments qui semblent vous caractériser.

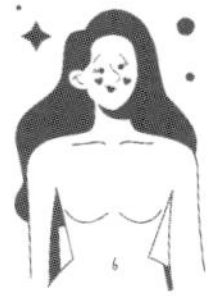

SIGNES ASTRO	Tempéraments
Bélier	Emporté, combatif, hyperactif, fougueux, imprudent, audacieux, réactif, colérique, tout feu tout flamme.
Taureau	Posé, épicurien, sensuel, terrien, têtu, constant, bâtisseur, conservateur, tendance à ruminer.
Gémeaux	Léger, insouciant, adaptable, cérébral, vif, curieux, bavard, inconstant, changeant, nerveux.
Cancer	Rêveur, sensible, timide, imaginatif, craintif, doux, attentionné, irréaliste, puéril, passif, protecteur.
Lion	Franc, pétillant, créatif, volontaire, intuitif, ambitieux, orgueilleux, égocentrique, intolérant.
Vierge	Prudent, méthodique, organisé, pratique, minutieux, prévoyant, réservé, critique, maniaque, sceptique.

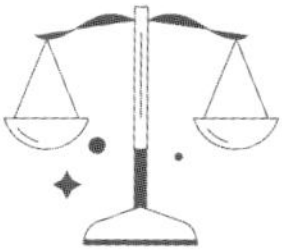

Balance	Généreux, sensuel, doux, délicat, conciliant, à l'écoute, attentif, réceptif aux autres, indécis, hésitant.
Scorpion	Incisif, intuitif, mystérieux, intense, déterminé, battant, résiliant, inflexible, piquant, anxieux, possessif, jaloux.
Sagittaire	Avisé, rapide, endurant, intrépide, désireux de nouvelles expériences et d'autres horizons, insatisfait, optimiste.
Capricorne	Pessimiste, réaliste, concret, stable, solide, logique, précis, solitaire, travailleur, froid, distant.
Verseau	Avant-gardiste, innovant, original, indépendant, marginal, humaniste, révolté, autoritaire, versatile.
Poissons	Bienveillant, idéaliste, généreux, tendre, inspiré, sociable, secret, insondable, fuyant, opportuniste, apathique.

ASTRES	Tempéraments
La Lune	Doux, rêveur, attaché à sa famille et ses racines, conservateur, créatif.
Le Soleil	Rayonnant, solaire, personnel, ambitieux, désireux de réussir.
Mercure	Communicatif, réfléchi, adaptable, rusé, stratège, malin, nerveux.
Vénus	Affectueux, superficiel, tendre, attachant, attiré par le beau, aimant.
Mars	Rapide, dynamique, combatif, réactif, offensif ou défensif, autodestructeur.
Jupiter	Optimiste, curieux, vif, possessif, ambitieux, opportuniste, colérique.
Saturne	Réservé, timide, distant, froid, peu expressif, rationnel, patient, posé, calme.

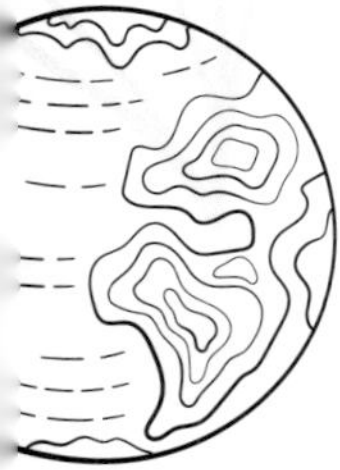

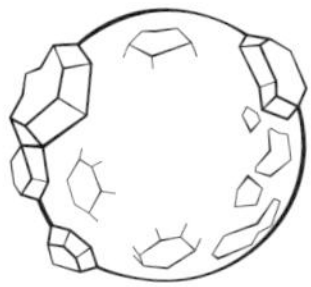

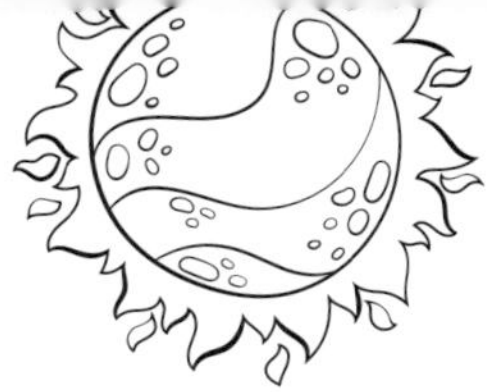

Uranus	Original, clairvoyant, novateur, visionnaire, rebelle, adaptable.
Neptune	Doux, inventif, créatif, insouciant ou agité, passif, idéaliste, irréaliste.
Pluton	Résilient, curieux, adaptable, intuitif, critique, sensé, autodestructeur.
Chiron	Sage, patient, bienveillant, volontaire, désireux d'apprendre et de transmettre.
Cérès	Conciliant ou tranchant, attaché à la famille, protecteur, tendre, affectueux.
Junon	Magnétique, créatif, tolérant, ouvert d'esprit, colérique.
Lune noire moyenne	Piquant, insoumis, révolté, anticonformiste, étonnant, marginal.

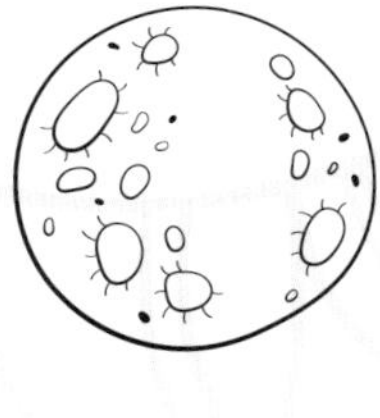

Vos correspondances astro

Vos couleurs

Les gris, les tons de beige, les verts, le blanc, le noir, le violet, le bleu foncé.

Les pierres qui vous vont bien

L'onyx, la phénacite, le préhnite, le quartz rutile, le quartz tourmaline, l'unakite, l'agate mousse, le péridot, le jais, la malachite.

Vos animaux totem

Le chamois, le bouquetin, le hibou, l'ours.

Vos plantes et fleurs

Les fleurs des champs, la marguerite, la gentiane, la bardane, la prêle, l'arum, la pervenche, le cèdre, le pin, l'eucalyptus, le cyprès, l'aloès, le chêne, l'épicéa.

Les fragrances qui vous plaisent

Toutes les senteurs hivernales, les parfums frais, verts, musqués et boisés.

Vos matières et matériaux

Le plomb, le granite, le fer, la laine, les fibres polaires, le coton.

Les paysages qui vous ressourcent

Les régions verdoyantes, luxuriantes, forestières et montagneuses. Les grandes étendues de champs.

Les villes qui vous appellent

Calais, Metz, Forbach, Dunkerque, Grenoble, Genève, Évian, Mulhouse, Colmar, Bruxelles, Stockholm, Oslo, Reykjavik, Lhassa, Montréal, Lima.

Les pays et les régions qui vous ressourcent
La Saône-et-Loire, les Pyrénées, le Caucase, le Tibet, l'Éthiopie, les Andes, la Tanzanie...

Les lieux associés à votre signe
Une administration, un ministère, un musée, un château fort, un monastère, un gîte, une maison de famille, un refuge, un bureau, une université, un institut, une ferme, une exploitation agricole, un chalet de montagne.

Vos planètes maîtresses

Saturne

Votre astre est assimilé au temps, à l'approfondissement, à la structuration, à la mise en forme et à l'exploitation des ressources ou des connaissances.
C'est Saturne qui vous confère votre grand esprit d'analyse, votre désir de compréhension, votre maturité, car étant assimilée à la vieillesse et à la sagesse. Elle vous donne également un certain attachement aux valeurs, au passé ainsi qu'aux habitudes. C'est une des raisons qui fait que vous êtes dans le «c'était mieux avant».
Souvent, cette planète confronte à la réalité de la vie. Elle vous rend pragmatique et factuel. Symbole de l'introspection, elle vous transmet le goût du secret, une grande discrétion, une immense pudeur.
N'étant pas l'objet céleste le plus optimiste et le plus drôle du zodiaque, elle vous rend pince-sans-rire et fataliste.

Vos affinités astro

Capricorne – Bélier

Vos énergies sont très différentes. L'un est calme, réservé, timide et l'autre déborde d'énergie. Si vous pouvez être très complémentaires, l'avenir entre vous est loin d'être gagné. Si vous pouvez vous plaire et vivre une vraie passion, le Bélier s'ennuie très vite à vos côtés. Votre relation est souvent faite d'incompréhensions et de tensions. Si les débuts de votre histoire peuvent se révéler d'une grande intensité, au fil du temps, vous avez bien du mal à vous supporter et votre relation devient invivable.

Capricorne – Taureau

Tous les deux signes de Terre, bien que différents, vous possédez de nombreux points communs. Attachés au concret, aux conventions, aux principes, aux habitudes et à la famille, un lien fort peut s'établir entre vous. De même, votre désir commun de construire une famille, de vous stabiliser amoureusement ainsi que de vous bâtir une situation professionnelle et financière vous rassemble. D'une certaine manière, votre couple fonctionne et a toutes ses chances d'évoluer. La seule ombre au tableau est votre difficulté commune à communiquer. Pour pallier l'ennui et la routine, l'un comme l'autre devrez faire de nombreux efforts.

Capricorne – Gémeaux

S'il peut exister une certaine complémentarité entre vous, votre relation est loin d'être simple et fluide. Les incompréhensions, les tensions et le ras-le-bol peuvent vite ternir votre quotidien. Si vous parvenez à apporter la stabilité et le soutien recherché par le natif des Gémeaux, ce dernier ne vous rassure pas vraiment. Votre timidité, votre pessimisme, votre matérialisme et votre difficulté à communiquer ne permettent pas à ce signe d'Air de s'épanouir. Tous les deux dans la réflexion, vous pouvez d'ailleurs passer votre temps à décortiquer les moindres faits et gestes de l'autre. Attention aux mauvaises interprétations. Votre relation a peu de chance de durer.

Capricorne – Cancer

Signes opposés dans le zodiaque, vous êtes très complémentaires et vous pouvez rechercher les mêmes choses. Ainsi, bien que très différents dans votre fonctionnement, il existe entre vous une attirance naturelle. Tous les deux, en quête de stabilité et d'équilibre, vous pouvez facilement vous retrouver sur des idéaux communs. Néanmoins, pour que votre couple soit source d'épanouissement, vous gagnerez à faire preuve de plus d'attention, de sensibilité et de tendresse à l'égard du Cancer, surtout après plusieurs années de vie conjugale.

Capricorne – Lion

Vous n'êtes pas vraiment le type recherché par le Lion, pourtant, entre vous, le courant peut passer facilement. Même si vous avez plus de chance de former un duo professionnel, une histoire sentimentale n'est pas impossible. Le charisme, le panache et le côté solaire du Lion vous attirent et ce dernier apprécie votre calme ainsi que votre stabilité. Toutefois, votre manque de spontanéité, d'originalité et d'extraversion nuit gravement à votre relation. Tous les deux susceptibles et entiers, les malentendus et les incompréhensions sont nombreux et handicapent votre évolution.

Capricorne – Vierge

Tous deux signes de Terre, vous possédez de nombreux points communs. Pour autant, votre relation n'est pas gagnée d'avance, car vous devez faire face à de multiples problèmes de communication. D'ailleurs, vos caractères réservés, timides et pudiques ne facilitent rien. Votre tendance commune à analyser à outrance vos émotions ainsi que toutes les attitudes de l'autre nuit gravement à votre histoire. Très vite, les habitudes, l'insatisfaction et les difficultés dans vos relations assombrissent votre quotidien. Pour que votre histoire fonctionne, vous devrez l'un comme l'autre faire de multiples concessions et efforts.

Capricorne – Balance

Vous semblez très différents, voire incompatibles. Néanmoins, le fait que vous ayez tous les deux Saturne comme maître planétaire peut créer une certaine connexion. Pour parvenir à avancer ensemble, vous devrez faire de nombreuses concessions sans quoi rien ne sera possible. Ainsi, à moins de tomber sur une Balance « Saturnienne », froide et introvertie, avec une « Vénusienne », il y a peu de chance que votre relation fonctionne. Attendez-vous à de multiples problèmes de communication.

Capricorne – Scorpion

Si vous semblez faits pour vous entendre, vos relations n'en restent pas moins complexes et difficiles. Très différents l'un de l'autre, vous pouvez avoir du mal à vous « trouver ». Tous les deux portés par un certain pessimisme, attention à ne pas vous enfermer dans un état négatif, terreau propice à la morosité. Vos caractères entiers, inflexibles, critiques peuvent être source de nombreuses tensions et d'insatisfactions.

Capricorne – Sagittaire

Introverti attaché à vos habitudes et vos principes, le caractère spontané et vif du Sagittaire peut vous perturber et même vous brusquer. Pas certain que vous parveniez à suivre son rythme effréné. Aimant la nouveauté, l'inattendu et l'imprévu, tout ce que vous détestez, ce signe de Feu a des chances de s'ennuyer à vos côtés. Si une aventure est possible entre vous, un avenir, lui, est peu envisageable.

Capricorne – Capricorne

Vous marchez de la même manière. Conséquence, votre relation peut être des plus radieuses comme des plus difficiles. Tout dépend de votre passé et de votre composante planétaire. En quête d'un même idéal, si vous parvenez à mieux exprimer vos émotions et si vous ne vous enfermez pas trop dans les habitudes, votre histoire peut évoluer et s'enraciner dans le temps. Néanmoins, il est indispensable que vous fassiez des efforts et que vous ne campiez pas sur vos habitudes en pensant que l'autre vous soit acquis.

Capricorne – Verseau

Vous êtes très différents. Vous donnez une grande importance au passé et aux souvenirs alors que ce signe d'Air est profondément tourné vers l'avenir. Entre votre conservatisme et l'avant-gardisme du Verseau, même si vous pouvez vous compléter, rien n'est gagné. Conséquence, les incompréhensions sont nombreuses. Pour fonctionner, il est indispensable que vous appreniez l'un et l'autre à faire des concessions.

Capricorne – Poissons

Vous n'évoluez pas du tout dans le même monde. Vous êtes profondément terrien et rationnel, le natif des Poissons est indiscutablement un être des plus insaisissables et irrationnels. Vous éprouvez d'ailleurs énormément de difficultés à faire cohabiter vos univers. Le tempérament cyclique de ce signe d'Eau face à votre caractère borné et peu expressif ne peut que créer des tensions ainsi que de nombreuses incompréhensions. Votre relation ne peut « exister » que sur un temps limité.

Ambiance générale 2024

De janvier à mai, profitez d'influx planétaires porteurs pour avancer dans vos différents projets, donnez-vous l'occasion de consolider votre relation conjugale et épanouissez-vous au contact de votre moitié. Pour certains, libérez votre créativité ou rapprochez-vous de vos enfants.
Pour beaucoup d'entre vous, la période est favorable à votre vie sociale, alors consolidez-la.

Passé mai, tout vous incite à améliorer votre qualité de vie, votre cadre de travail ou votre rythme quotidien.

Jusqu'en septembre, tout vous pousse à modifier votre rapport à votre budget et à l'argent ou à penser autrement votre manière de travailler et de vous organiser.

janvier

Carte du ciel du mois

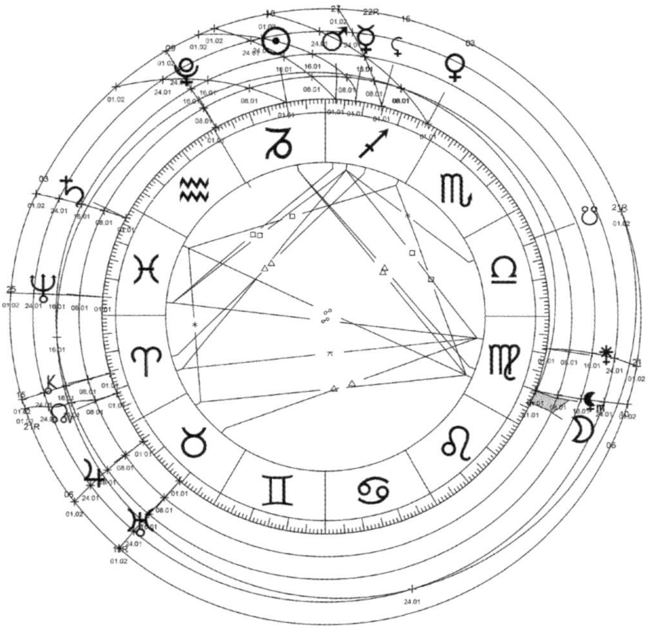

Éphémérides planétaires

Mercure devient **directe** en **Sagittaire** (22°11) - Ma.2.Jan.2024 - 3h08

Mars passe en **Capricorne** - Je.4.Jan.2024 - 14h58

Junon devient **rétrograde** en **Vierge** (21°52) - Sa.13.Jan.2024 - 5h00

Mercure passe en **Capricorne** - Di.14.Jan.2024 - 2h49

Le **Soleil** passe en **Verseau** - Sa.20.Jan.2024 - 14h07

Pluton passe en **Verseau** - Di.21.Jan.2024 - 0h56

Vénus passe en **Capricorne** - Ma.23.Jan.2024 - 8h50

Uranus redevient **directe** en **Taureau** (19°05) - Sa.27.Jan.2024 - 7h00

Nouvelle Lune en **Capricorne** (20°44) - 11.Jan.2024 - 11h59
Pleine Lune en **Lion** (5°15) - 25.Jan.2024 - 15h55

Les aspects planétaires du mois

⚳	15° 28'	♐	△	⚷	15° 28'	♈	Lu 01.Jan.2024 01h 08
♄	03° 18'	♓	□	♀	03° 18'	♐	Lu 01.Jan.2024 13h 26
♃	05° 36'	♉	⚻	♀	05° 36'	♐	Me 03.Jan.2024 10h 55
⚷	15° 30'	♈	□	☉	15° 30'	♑	Sa 06.Jan.2024 08h 33
⚸m	10° 35'	♍	□	♀	10° 35'	♐	Di 07.Jan.2024 13h 00
♆	25° 13'	♓	□	☿	25° 13'	♐	Ma 09.Jan.2024 01h 25
♅	19° 13'	♉	△	☉	19° 13'	♑	Me 10.Jan.2024 00h 07
♄	04° 06'	♓	⚹	♂	04° 06'	♑	Me 10.Jan.2024 02h 40
⚳	19° 13'	♐	⚻	♅	19° 13'	♉	Me 10.Jan.2024 07h 43
⚷	15° 34'	♈	△	♀	15° 34'	♐	Je 11.Jan.2024 14h 34
♃	05° 51'	♉	△	♂	05° 51'	♑	Ve 12.Jan.2024 10h 42
⚵	21° 52'	♍	△	☉	21° 52'	♑	Ve 12.Jan.2024 14h 29
♅	19° 10'	♉	⚻	♀	19° 10'	♐	Di 14.Jan.2024 13h 03
♆	25° 21'	♓	⚹	☉	25° 21'	♑	Ma 16.Jan.2024 00h 38
⚳	21° 43'	♐	☌	♀			Ma 16.Jan.2024 15h 04
⚵	21° 49'	♍	□	♀	21° 49'	♐	Ma 16.Jan.2024 17h 07
⚵	21° 49'	♍	□	⚳	21° 49'	♐	Ma 16.Jan.2024 21h 12
♄	04° 56'	♓	⚹	☿	04° 56'	♑	Je 18.Jan.2024 08h 49
♃	06° 13'	♉	△	☿	06° 13'	♑	Ve 19.Jan.2024 09h 31
♆	25° 26'	♓	□	♀	25° 26'	♐	Ve 19.Jan.2024 15h 49
♇	29° 59'	♑	☌	☉			Sa 20.Jan.2024 13h 46
⚸m	12° 03'	♍	△	♂	12° 03'	♑	Sa 20.Jan.2024 16h 46
⚸m	12° 26'	♍	△	☿	12° 26'	♑	Me 24.Jan.2024 03h 08
⚷	15° 51'	♈	□	♂	15° 51'	♑	Je 25.Jan.2024 17h 13
⚷	15° 52'	♈	□	☿	15° 52'	♑	Ve 26.Jan.2024 14h 48
⚳	25° 37'	♐	□	♆	25° 37'	♓	Ve 26.Jan.2024 16h 53
♃	06° 50'	♉	□	☉	06° 50'	♒	Sa 27.Jan.2024 07h 18
♂	17° 18'	♑	☌	☿			Sa 27.Jan.2024 14h 59
♄	06° 01'	♓	⚹	♀	06° 01'	♑	Di 28.Jan.2024 06h 03
♅	19° 05'	♉	△	☿	19° 05'	♑	Di 28.Jan.2024 21h 07
♃	06° 59'	♉	△	♀	06° 59'	♑	Lu 29.Jan.2024 01h 02
♅	19° 05'	♉	△	♂	19° 05'	♑	Lu 29.Jan.2024 23h 41
⚵	20° 48'	♍	△	☿	20° 48'	♑	Ma 30.Jan.2024 01h 29
⚵	20° 33'	♍	△	♂	20° 33'	♑	Me 31.Jan.2024 21h 49

Coup de projecteur sur les astres du mois

Dès le 4, bénéficiez du soutien de **Mars** dans votre signe. C'est le moment de prendre quelques risques, de bousculer vos habitudes, de rompre avec un rythme un peu trop routinier. Attendez-vous à voir votre organisation légèrement perturbée.

Le 14, **Mercure** passe chez vous. L'astre vous octroiera une plus grande rigueur ainsi qu'une plus grande finesse d'analyse. Rien ne pourra vous échapper. Pour certains, la période qui s'ouvre vous trouve plus communicatif et un peu plus extraverti. Profitez-en pour mieux exprimer vos émotions ou vos idées.

Le 20, le **Soleil** et **Pluton** visitent le signe voisin au vôtre. Tout va vous inciter à porter un autre regard sur votre activité ou vos finances.

À partir du 23, **Vénus** vous rejoint. Les jours à venir vous trouveront plus doux, plus attentionné et plus à même de vivre vos émotions ou de parler de vos sentiments. C'est la période idéale pour vous axer sur vos amours.

Vous et votre travail

Tout vous incite à passer à l'action et à mettre les bouchées doubles. Bousculez vos habitudes de travail. Multipliez les entreprises. Sortez de votre zone de confort et confrontez-vous aux difficultés. Bougez, démarchez, prenez des initiatives. Pour certains d'entre vous, janvier est un bon mois pour améliorer vos conditions de travail. À vous de jouer.

En quête d'un emploi

Les astres se «tournent» vers vous et vous mettent dans la «lumière». C'est le moment parfait pour entreprendre de nouvelles actions, pour démarcher, établir des contacts, relancer des entreprises, faire un stage ou une formation. N'attendez pas que le vent tourne et prenez le taureau par les cornes. Bougez. Devenez l'artisan de votre «destin».

En mode retraite

Tout vous incite à vous concentrer sur vous et votre bien-être. C'est le moment parfait de vous refaire une santé, de reprendre votre hygiène de vie en main, de changer votre rythme quotidien. Orientez-vous vers des loisirs, source d'épanouissement. Montrez-vous plus sociable et plus communicatif.

Vos points forts

Votre détermination, votre solidité
et votre volonté.

Vos points faibles

Une tendance à tenter de passer en force
ou à surestimer vos moyens.

Fixez vos objectifs professionnels du mois

★ ....

....

....

★ ....

....

....

★ ....

....

....

★ ....

....

....

★ ....

....

Vos moyens pour y parvenir

★ ....

....

....

★ ....

....

....

★ ....

....

....

★ ....

....

....

★ ....

....

Vous et vos amours

À deux

Essayez d'être le moteur de votre relation. Ne craignez pas de prendre vos responsabilités conjugales. Multipliez les projets et les initiatives. Donnez-vous les moyens de surprendre votre moitié. Montrez-vous plus passionné et plus attentif. C'est le bon moment pour donner une nouvelle dynamique à votre relation.

Couple en crise

Si vous aviez du mal à identifier vos besoins et vos aspirations, janvier vous donne les moyens d'y voir plus clair. Ainsi, plus conscient de ce que vous désirez ou non, vous parvenez à mieux orienter vos actions ou votre relation. C'est un bon mois pour parler de vos envies, de vos attentes et de vos idéaux. Profitez-en pour régler vos problèmes. Dévoilez-vous, votre partenaire ne demande que ça.

Célibataire

Vous pouvez compter sur un beau capital séduction. Ainsi, en pleine possession de vos moyens et plus à l'aise dans les échanges, vous avez une plus grande facilité à aller vers les autres et à engager le dialogue. Profitez de ce mois pour user de votre charme. Si quelqu'un vous plaît, exprimez-lui vos sentiments, vous verrez bien ce que cela donnera.

Vos points forts

Une plus grande douceur, une plus grande facilité à communiquer.

Vos points faibles

Un trop grand idéalisme ou une certaine exigence.

Faites le point sur votre vie amoureuse

Quelles sont vos envies du moment?

Où en êtes-vous dans votre relation?

★ ....

....

....

★ ....

....

....

★ ....

....

....

★ ....

....

....

★ ....

....

De quels moyens disposez-vous pour faire évoluer votre situation?

★ ....

....

....

★ ....

....

....

★ ....

....

....

★ ....

....

....

....

Vous et votre bien-être

Janvier est votre mois. Les astres se donnent rendez-vous dans votre signe, conséquence, vous connaissez un beau regain d'énergie et de vitalité. Plus à l'aise dans vos baskets et votre corps, vous n'avez aucun problème à avancer dans vos différentes obligations. Pour certains d'entre vous, c'est un bon mois pour trouver des solutions à un problème chronique.

Vos points forts

Plus énergique, plus attentif à votre hygiène de vie et à votre corps.

Vos points faibles du mois

Une tendance à vous sentir tout puissant.

Vos objectifs bien-être de janvier

☆ ....

....

....

☆ ....

....

....

☆ ....

....

....

☆ ....

....

....

....

À vous de jouer !

Listez les atouts offerts par les astres

- ★ ....
....
....
- ★ ....
....
....
- ★ ....
....
....
- ★ ....
....
....
- ★ ....
....

Listez les actions possibles

- ★ ....
....
....
- ★ ....
....
....
- ★ ....
....
....
- ★ ....
....
....
- ★ ....
....

Les plus de votre ascendant

Capricorne – Bélier: mois mitigé où vous allez devoir puiser dans vos réserves d'énergie pour faire face au stress et aux tensions environnantes.

Capricorne – Taureau: en pleine forme, quel que soit le domaine, vous avez le vent en poupe. Bougez, bousculez vos habitudes, sortez des sentiers battus, donnez une nouvelle impulsion à votre existence.

Capricorne – Gémeaux: mois intéressant qui vous voit vous épanouir au contact de vos amis, de vos proches ou de votre partenaire.

Capricorne – Cancer: profitez de janvier pour mieux communiquer avec votre entourage ou votre moitié. Ouvrez-vous à d'autres relations. Élargissez vos horizons amicaux.

Capricorne – Lion: vaquez à vos différentes obligations. Consolidez vos projets. Approfondissez les bases de vos entreprises.

Capricorne – Vierge: beau mois pour avancer dans vos différentes obligations, mettre en place de nouveaux projets, donner une nouvelle dynamique à votre vie amoureuse.

Capricorne – Balance: période extrêmement tendue qui vous oblige à prendre sur vous et surtout à puiser dans vos réserves d'énergie.

Capricorne – Scorpion: en ce début d'année, les autres tiennent une place importante ou influencent votre quotidien.

Capricorne – Sagittaire: prenez le temps de jeter un œil à vos comptes. Revoyez la manière dont vous vous êtes organisé. Changez de rythme de travail.

Capricorne – Capricorne: en pleine possession de vos moyens, vous commencez très bien 2024. Montrez-vous à la hauteur des enjeux qui se profilent.

Capricorne – Verseau: essayez de ne pas brûler les étapes. Prenez votre temps. Avancez à votre rythme. Ne cherchez pas à aller plus vite que la musique.

Capricorne – Poissons: vos amis ou vos collaborateurs vous soutiennent. C'est un excellent mois pour trouver de nouvelles idées ou mettre en place de nouveaux projets.

février

Carte du ciel du mois

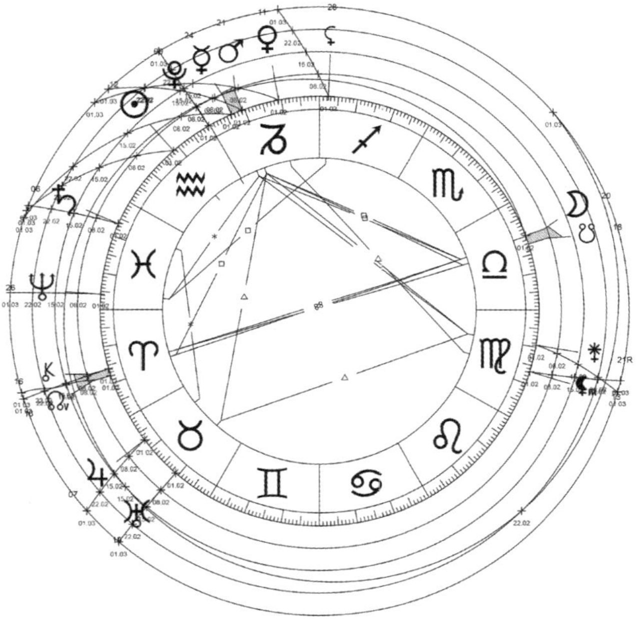

Éphémérides planétaires

Mercure passe en **Verseau** - Lu.5.Féu.2024 - 5h10
Cérès passe en **Capricorne** - Me.7.Féu.2024 - 11h11
Mars passe en **Verseau** - Ma.13.Féu.2024 - 6h05
Vénus passe en **Verseau** - Ve.16.Féu.2024 - 16h05
Le **Soleil** passe en **Poissons** - Lu.19.Féu.2024 - 4h13
Mercure passe en **Poissons** - Ve.23.Féu.2024 - 7h29

Nouvelle Lune en **Verseau** (20°41) - 9.Féu.2024 - 23h00
Pleine Lune en **Vierge** (5°23) - 24.Féu.2024 - 12h32

Les aspects planétaires du mois

♆	25° 49'	♓	⚹	☿	25° 49' ♑	Ve 02.Fév.2024	10h 55
⚸	13° 31'	♍	⚻	☉	13° 31' ♒	Ve 02.Fév.2024	21h 32
⚸	13° 35'	♍	△	♀	13° 35' ♑	Sa 03.Fév.2024	09h 13
⚷	16° 11'	♈	□	♀	16° 11' ♑	Lu 05.Fév.2024	11h 48
⚷	16° 11'	♈	⚹	☉	16° 11' ♒	Lu 05.Fév.2024	12h 25
♇	00° 30'	♒	☌	☿		Lu 05.Fév.2024	12h 58
♅	19° 09'	♉	△	♀	19° 09' ♑	Me 07.Fév.2024	21h 25
♆	25° 59'	♓	⚹	♂	25° 59' ♑	Je 08.Fév.2024	00h 20
⚵	19° 23'	♍	△	♀	19° 23' ♑	Je 08.Fév.2024	02h 08
♅	19° 09'	♉	□	☉	19° 09' ♒	Je 08.Fév.2024	10h 46
⚵	19° 18'	♍	⚻	☉	19° 18' ♒	Je 08.Fév.2024	14h 09
⚵	19° 10'	♍	△	♅	19° 10' ♉	Ve 09.Fév.2024	07h 06
♃	08° 23'	♉	□	☿	08° 23' ♒	Sa 10.Fév.2024	13h 25
♆	26° 10'	♓	⚹	♀	26° 10' ♑	Ma 13.Fév.2024	13h 36
♇	00° 46'	♒	☌	♂		Me 14.Fév.2024	06h 06
⚸	14° 49'	♍	⚻	☿	14° 49' ♒	Me 14.Fév.2024	12h 01
⚷	16° 34'	♈	⚹	☿	16° 34' ♒	Je 15.Fév.2024	13h 15
⚵	17° 43'	♍	⚻	☿	17° 43' ♒	Ve 16.Fév.2024	05h 35
♅	19° 17'	♉	□	☿	19° 17' ♒	Sa 17.Fév.2024	03h 53
♇	00° 52'	♒	☌	♀		Sa 17.Fév.2024	08h 48
⚵	16° 46'	♍	⚻	⚷	16° 46' ♈	Ma 20.Fév.2024	06h 16
♂	06° 58'	♒	☌	♀		Je 22.Fév.2024	07h 14
⚵	15° 52'	♍	☌	⚸		Ve 23.Fév.2024	22h 57
♃	10° 31'	♉	□	♀	10° 31' ♒	Di 25.Fév.2024	04h 01
⚳	06° 12'	♑	⚹	☉	06° 12' ♓	Di 25.Fév.2024	07h 48
⚳	06° 45'	♑	⚹	☿	06° 45' ♓	Ma 27.Fév.2024	00h 27
♃	10° 52'	♉	□	♂	10° 52' ♒	Ma 27.Fév.2024	08h 30
☿	09° 15'	♓	☌	☉		Me 28.Fév.2024	08h 43
⚵	14° 43'	♍	⚻	♀	14° 43' ♒	Me 28.Fév.2024	13h 27
♄	09° 45'	♓	☌	☿		Me 28.Fév.2024	15h 08
♄	09° 47'	♓	☌	☉		Me 28.Fév.2024	21h 26
♃	11° 13'	♉	⚹	☿	11° 13' ♓	Je 29.Fév.2024	09h 53

Coup de projecteur sur les astres du mois

Jusqu'au 13, comptez sur les influx de **Mars** et jusqu'au 16, accueillez les «cadeaux» offerts par **Vénus**. Ainsi, profitez de la première partie du mois pour donner une nouvelle impulsion à votre existence ou à vos projets (quelle qu'en soit la nature).

Le 7, **Cérès** s'installe chez vous. Vous entrez dans une période propice au tri, au classement et au rangement. À vous de jouer. Mettez de l'ordre dans vos affaires ou votre vie.

Le 19 puis le 23, le **Soleil**, suivi de **Mercure**, vous permet d'avoir les idées claires. Rien ne peut vous échapper. Vos amis, vos collaborateurs et vos proches vous soutiennent dans toutes vos entreprises. Pour certains natifs, la fin du mois voit les déplacements et les actions favorisés.

Vous et votre travail

Quoi que vous fassiez, vous savez mettre vos idées et votre énergie au service de vos différentes entreprises. Tout vous invite et vous amène à aller au fond des choses. Pour avancer dans vos actions, efforcez-vous de bien organiser votre temps et votre activité. Ciblez vos priorités et hiérarchisez vos tâches.

En quête d'un emploi

Pensez à prioriser vos démarches et certaines de vos recherches. Profitez de février pour mieux structurer votre CV et revoir votre lettre de motivation. Montrez-vous structuré et organisé pour parvenir à de meilleurs résultats.

En mode retraite

Encore un mois intéressant pour toutes celles et tous ceux qui désirent revoir leur rythme quotidien. Pour certains, vous pouvez compter sur de nombreuses ressources qui vous permettent de faire face à toutes vos obligations du moment.

Vos points forts

Votre dynamisme, votre entrain
et votre enthousiasme.

Vos points faibles

Votre côté trop terre à terre
et votre manque de flexibilité.

Fixez vos objectifs professionnels du mois

☆ ....
....
....
☆ ....
....
....
☆ ....
....
....
☆ ....
....
....
☆ ....
....

Vos moyens pour y parvenir

☆ ....
....
....
☆ ....
....
....
☆ ....
....
....
☆ ....
....
....
☆ ....
....

Vous et vos amours

À deux

Bien que plus démonstratif et plus affectueux, vous attendez beaucoup de votre partenaire. Ainsi, êtes-vous plus exigeant. Attention à ne pas trop lui en demander. Pour certains natifs, les jours passant, vous éprouverez le besoin de faire un petit bilan de votre vie personnelle ou amoureuse.

Couple en crise

Les efforts et les concessions pourraient bien laisser place à une exigence plus forte ou à un certain manque de flexibilité. Ne changez pas de cap et continuez à mettre en avant les échanges. Donnez-vous les moyens de mieux communiquer et surtout parlez de vos émotions ainsi que de vos sentiments.

Célibataire

La première moitié du mois est favorable à la séduction ainsi qu'aux rencontres. Donnez-vous les moyens d'aller vers les autres. Montrez-vous plus spontané, plus inventif et extraverti, il n'y a que comme cela que vous croiserez la route d'une personne qui vous plaira. Passé le 15, le vent tourne et votre charme fonctionne moins.

Vos points forts

Une plus grande écoute
et une facilité de dialogue.

Vos points faibles

Une certaine forme de maladresse.

Faites le point sur votre vie amoureuse

Quelles sont vos envies du moment?

Où en êtes-vous dans votre relation?

✯ ....

....

....

✯ ....

....

....

✯ ....

....

....

✯ ....

....

....

✯ ....

....

De quels moyens disposez-vous pour faire évoluer votre situation?

✯ ....

....

....

✯ ....

....

....

✯ ....

....

....

✯ ....

....

....

....

Vous et votre bien-être

D'un bout à l'autre du mois, vous pouvez compter sur une certaine résistance et une grande détermination. Ainsi, parvenez-vous à faire face à toutes vos obligations et vos responsabilités. Pour beaucoup d'entre vous, plus à l'écoute des besoins de votre organisme, vous optimisez vos ressources.

Vos points forts
Une grande résistance,
une ténacité à toute épreuve.

Vos points faibles du mois
Une tendance à faire quelques excès.

Vos objectifs bien-être de février

☆ ……………………………………………………………………………
……………………………………………………………………………
……………………………………………………………………………

☆ ……………………………………………………………………………
……………………………………………………………………………
……………………………………………………………………………

☆ ……………………………………………………………………………
……………………………………………………………………………
……………………………………………………………………………

☆ ……………………………………………………………………………
……………………………………………………………………………
……………………………………………………………………………

☆ ……………………………………………………………………………
……………………………………………………………………………
……………………………………………………………………………

À vous de jouer !

Listez les atouts offerts par les astres

- ☆ ....
....
....
- ☆ ....
....
....
- ☆ ....
....
....
- ☆ ....
....
....
- ☆ ....
....
....

Listez les actions possibles

- ☆ ....
....
....
- ☆ ....
....
....
- ☆ ....
....
....
- ☆ ....
....
....

Les plus de votre ascendant

Capricorne – Bélier: certains de vos projets vous permettent de faire des rencontres intéressantes à moins que vous ne bénéficiiez de soutiens inattendus.

Capricorne – Taureau: mois en deux temps. Profitez de la première moitié de février pour avancer dans vos différentes entreprises. Après le 15, attention aux retards.

Capricorne – Gémeaux: mois intéressant propice aux prises de conscience, aux remises en question ou encore aux interrogations, voire aux prises de risque.

Capricorne – Cancer: à deux, votre partenaire vous permet d'élargir vos horizons. Célibataire, vous aspirez à vivre autrement.

Capricorne – Lion: vous cherchez à améliorer votre cadre de vie ou votre relation amoureuse si vous êtes en couple.

Capricorne – Vierge: beau mois pour consolider certaines de vos relations ou un lien amoureux. Pour d'autres, tout vous amène à sortir des sentiers battus et à faire de nouvelles rencontres.

Capricorne – Balance: axez-vous un peu plus sur votre vie amoureuse durant la seconde moitié de février. Profitez-en pour donner une nouvelle dynamique à vos amours.

Capricorne – Scorpion: à deux, votre vie conjugale vous apporte énormément. Ainsi, êtes-vous épanoui et bien dans vos baskets. Célibataire, engagez-vous. Dites oui à une proposition.

Capricorne – Sagittaire: les sorties, les invitations et l'amusement sont à l'honneur. Croquez la vie à pleines dents.

Capricorne – Capricorne: mois placé sous de bonnes influences. Ainsi, parviendrez-vous à réaliser ou à concrétiser un projet qui vous tient à cœur.

Capricorne – Verseau: février vous trouve plus vif, plus entreprenant, plus passionné, plus communicatif, plus inventif et parfois plus léger.

Capricorne – Poissons: après avoir passé du temps avec vos amis durant la première moitié du mois, vous aspirerez à plus de tranquillité durant la seconde.

mars

Carte du ciel du mois

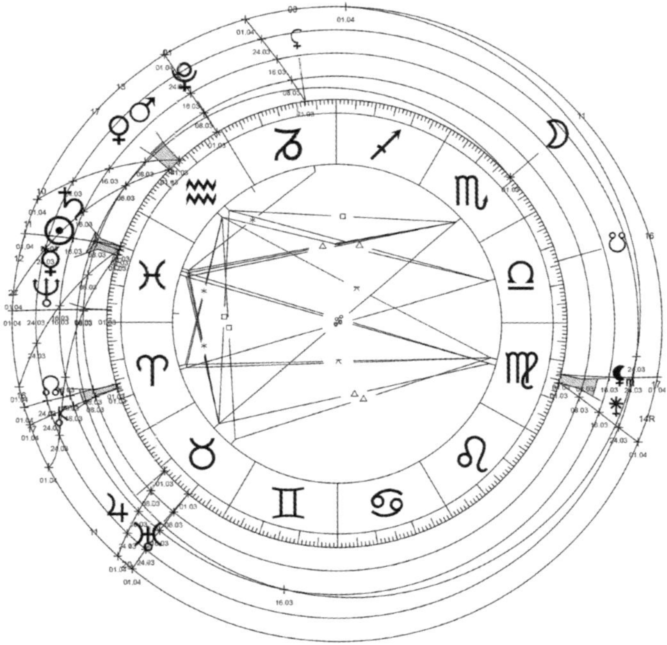

Éphémérides planétaires

Mercure passe en **Bélier** - Di.10.Mar.2024 - 4h03
Vénus passe en **Poissons** - Lu.11.Mar.2024 - 21h50
Le **Soleil** passe en **Bélier** - Me.20.Mar.2024 - 3h06
Mars passe en **Poissons** - Ve.22.Mar.2024 - 23h47

Nouvelle Lune en **Poissons** (20°17) - 10.Mar.2024 - 9h02
Pleine Lune en **Balance** (5°07) - 25.Mar.2024 - 7h01

Les aspects planétaires du mois

⚸m	16° 33' ♍	⚻	♀	16° 33' ♒	Ve 01.Mar.2024 01h 04
♃	11° 24' ♉	⚹	☉	11° 24' ♓	Ve 01.Mar.2024 12h 15
⚷	17° 16' ♈	⚹	♀	17° 16' ♒	Ve 01.Mar.2024 14h 56
⚵	14° 06' ♍	☍	☿	14° 06' ♓	Ve 01.Mar.2024 22h 32
⚵	14° 00' ♍	⚻	♂	14° 00' ♒	Sa 02.Mar.2024 09h 19
⚸m	16° 48' ♍	☍	☿	16° 48' ♓	Di 03.Mar.2024 08h 24
♅	19° 39' ♉	□	♀	19° 39' ♒	Di 03.Mar.2024 13h 17
⚵	13° 39' ♍	☍	☉	13° 39' ♓	Di 03.Mar.2024 17h 59
♅	19° 42' ♉	⚹	☿	19° 42' ♓	Lu 04.Mar.2024 20h 24
⚸m	17° 09' ♍	⚻	♂	17° 09' ♒	Me 06.Mar.2024 11h 05
⚷	17° 32' ♈	⚹	♂	17° 32' ♒	Me 06.Mar.2024 23h 02
⚸m	17° 15' ♍	☍	☉	17° 15' ♓	Je 07.Mar.2024 08h 18
⚵	12° 34' ♍	△	♃	12° 34' ♉	Ve 08.Mar.2024 01h 31
♆	27° 01' ♓	☌	☿		Ve 08.Mar.2024 15h 06
♅	19° 52' ♉	□	♂	19° 52' ♒	Sa 09.Mar.2024 22h 55
♅	19° 52' ♉	⚹	☉	19° 52' ♓	Sa 09.Mar.2024 23h 01
♇	01° 28' ♒	⚹	☿	01° 28' ♈	Di 10.Mar.2024 22h 20
⚸m	17° 51' ♍	⚻	⚷	17° 51' ♈	Ma 12.Mar.2024 16h 10
⚵	11° 22' ♍	☍	♄	11° 22' ♓	Ma 12.Mar.2024 23h 51
⚵	11° 21' ♍	△	⚳	11° 21' ♑	Me 13.Mar.2024 01h 28
⚳	11° 24' ♑	⚹	♄	11° 24' ♓	Me 13.Mar.2024 04h 55
⚵	10° 42' ♍	⚻	☿	10° 42' ♈	Ve 15.Mar.2024 22h 34
⚳	12° 27' ♑	□	☿	12° 27' ♈	Sa 16.Mar.2024 23h 07
♆	27° 22' ♓	☌	☉		Di 17.Mar.2024 11h 22
⚵	09° 51' ♍	☍	♀	09° 51' ♓	Ma 19.Mar.2024 20h 54
⚷	18° 18' ♈	☌	☿		Me 20.Mar.2024 17h 25
⚸m	18° 47' ♍	⚻	☿	18° 47' ♈	Je 21.Mar.2024 01h 51
♇	01° 42' ♒	⚹	☉	01° 42' ♈	Je 21.Mar.2024 20h 03
♄	12° 27' ♓	☌	♀		Je 21.Mar.2024 23h 09
⚳	14° 08' ♑	⚹	♀	14° 08' ♓	Sa 23.Mar.2024 08h 03
♃	15° 49' ♉	⚹	♀	15° 49' ♓	Di 24.Mar.2024 16h 37
⚸m	19° 31' ♍	☍	♀	19° 31' ♓	Me 27.Mar.2024 16h 27
⚵	08° 16' ♍	⚻	☉	08° 16' ♈	Je 28.Mar.2024 11h 26
♅	20° 37' ♉	⚹	♀	20° 37' ♓	Je 28.Mar.2024 13h 58

Coup de projecteur sur les astres du mois

Jusqu'au 10, **Mercure** se positionne en bon angle avec votre signe. Vous avez les idées claires. Vous réussissez à vous exprimer correctement et à vous faire comprendre. Vos démarches sont favorisées.

Jusqu'au 19, comptez sur l'éclairage du **Soleil**, et ce, quoi que vous fassiez ou quel que soit le domaine. Profitez de cet atout pour avancer dans vos différents projets. Harmonisez vos relations avec certains de vos amis.

À partir du 11, **Vénus** vous accompagne. De beaux moments d'échanges, de douceur et de partage sont à prévoir avec vos proches ou vos amis. Pour certains, une action ou une démarche vous donnera entière satisfaction.

À partir du 22, c'est au tour de **Mars** de vous insuffler énergie, volonté, combativité et détermination. Vous entrez dans une période plus favorable au travail d'équipe, aux collaborations diverses et aux prises de risque.

Vous et votre travail

Faites preuve de concentration et de détermination. Ne lâchez rien. Avancez étape par étape en gardant confiance en vous. Ouvrez-vous à de nouveaux partenaires de travail ou consolidez les liens déjà existants. Pour certains natifs, tout vous incite à trouver votre place au sein d'une équipe ou d'une société. Attention à bien vous préserver du stress.

En quête d'un emploi

Ce mois-ci, vous ne manquez pas de ressources pour avancer dans vos multiples démarches. Pour certains d'entre vous, mars est la période parfaite pour commencer une formation ou un stage. Saisissez toutes les occasions de consolider vos acquis et de peaufiner certaines de vos connaissances.

En mode retraite

Sur la première moitié du mois, vous prenez plaisir à sortir et à accepter les invitations. Ainsi, toutes les occasions de mettre un peu de fantaisie dans votre quotidien sont bonnes à prendre. Durant la seconde partie de mars, bien qu'aimable, doux et attentif, vous êtes plus casanier et beaucoup moins communicatif.

Vos points forts

Votre entrain, votre esprit logique et rationnel.

Vos points faibles

Votre besoin de contrôle.

Fixez vos objectifs professionnels du mois

☆ ……………………………………………………………………………………

……………………………………………………………………………………

……………………………………………………………………………………

☆ ……………………………………………………………………………………

……………………………………………………………………………………

……………………………………………………………………………………

☆ ……………………………………………………………………………………

……………………………………………………………………………………

……………………………………………………………………………………

☆ ……………………………………………………………………………………

……………………………………………………………………………………

……………………………………………………………………………………

☆ ……………………………………………………………………………………

……………………………………………………………………………………

Vos moyens pour y parvenir

☆ ……………………………………………………………………………………

……………………………………………………………………………………

……………………………………………………………………………………

☆ ……………………………………………………………………………………

……………………………………………………………………………………

……………………………………………………………………………………

☆ ……………………………………………………………………………………

……………………………………………………………………………………

……………………………………………………………………………………

☆ ……………………………………………………………………………………

……………………………………………………………………………………

……………………………………………………………………………………

☆ ……………………………………………………………………………………

……………………………………………………………………………………

Vous et vos amours

À deux

Ce n'est pas le mois le plus intéressant pour vous épanouir dans votre vie conjugale même si vous bénéficiez d'influences assez positives. Ainsi, parvenez-vous à préserver l'équilibre de votre quotidien et l'harmonie de votre relation. Sans être un mois extraordinaire, la satisfaction est au rendez-vous.

Couple en crise

C'est en essayant de mieux communiquer et en vous montrant plus adaptable que vous parviendrez à apaiser les tensions. Ainsi, si vous désirez reprendre votre situation en main, multipliez les concessions et restez à l'écoute de votre moitié.

Célibataire

Ce n'est pas ce mois-ci que vous serez amené à faire une rencontre importante sur le plan sentimental. Tout vous incite et vous amène à vous concentrer sur votre vie relationnelle. Ainsi, mars est plus propice à l'épanouissement amical qu'amoureux. Profitez de ce mois pour vous rapprocher de vos amis et consolider les liens existants.

Vos points forts

Une plus grande spontanéité et une plus grande facilité à vivre vos émotions.

Vos points faibles

Une tendance à la maladresse.

Faites le point sur votre vie amoureuse

Quelles sont vos envies du moment?

Où en êtes-vous dans votre relation?

☆ ....

....

....

☆ ....

....

....

☆ ....

....

....

☆ ....

....

....

☆ ....

....

De quels moyens disposez-vous pour faire évoluer votre situation?

☆ ....

....

....

☆ ....

....

....

☆ ....

....

....

☆ ....

....

....

....

Vous et votre bien-être

Même si vous devez faire face à de nombreux moments de fatigue ou de stress, vous pouvez compter sur une certaine résistance physique et psychologique ainsi qu'un bon optimisme. Ainsi, il en faudra beaucoup pour vous voir vous effondrer.

Vos points forts
Votre détermination, votre solidité.

Vos points faibles du mois
Votre difficulté à vous arrêter.

Vos objectifs bien-être de mars

☆ ....

....

....

☆ ....

....

....

....

☆ ....

....

....

☆ ....

....

....

☆ ....

....

....

....

À vous de jouer !

Listez les atouts offerts par les astres

★ ....

....

....

★ ....

....

....

★ ....

....

....

★ ....

....

....

★ ....

....

Listez les actions possibles

★ ....

....

....

★ ....

....

....

★ ....

....

....

★ ....

....

....

★ ....

....

Les plus de votre ascendant

Capricorne – Bélier : prenez le temps de réfléchir à votre vie relationnelle. Ouvrez-vous à d'autres connaissances. Nouez de nouvelles amitiés.

Capricorne – Taureau : vous êtes sur la dernière ligne droite. Encore un dernier coup de collier avant de vous libérer de certaines contraintes.

Capricorne – Gémeaux : malgré de beaux moments, vous n'échappez pas aux doutes et aux interrogations. Quoi que vous viviez, essayez de garder la tête froide.

Capricorne – Cancer : ne craignez pas de vous remettre en question et donnez-vous les moyens de faire évoluer votre situation.

Capricorne – Lion : ce mois-ci, vos relations avec les autres sont protégées et favorisées. Conséquence, de belles rencontres et de jolis moments de partage sont à prévoir.

Capricorne – Vierge : certains de vos projets ou certaines de vos entreprises vous poussent à sortir des sentiers battus et à nouer de nouvelles relations.

Capricorne – Balance : misez sur le travail d'équipe. Rapprochez-vous des personnes qui vous permettent de vous sentir bien.

Capricorne – Scorpion : quel que soit le domaine, les autres influencent positivement votre humeur ou votre quotidien.

Capricorne – Sagittaire : vous allez vivre une période plus ou moins agréable. Ainsi, les bons moments côtoieront des instants de tensions ou de stress.

Capricorne – Capricorne: même si vous pouvez compter sur une certaine résistance et sur une belle énergie, vous n'échapperez pas à quelques moments de stress.

Capricorne – Verseau: profitez des influx planétaires du moment pour mettre un peu de fantaisie dans votre existence. Cultivez l'originalité.

Capricorne – Poissons: vous savez où vous allez et surtout ce que vous désirez. Plus confiant et plus sûr de vous, rien ne peut vous perturber.

avril

Carte du ciel du mois

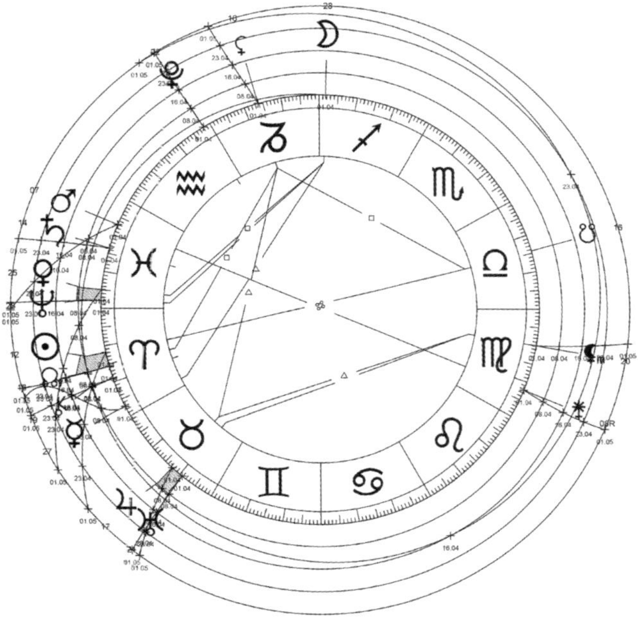

Éphémérides planétaires

Mercure devient **rétrograde** en **Bélier** (27°13) - Lu.1.Avr.2024 - 22h14
Vénus passe en **Bélier** - Ve.5.Avr.2024 - 4h00
Le **Soleil** passe en **Taureau** - Ve.19.Avr.2024 - 14h00
Junon devient **direct** en **Vierge** (6°18) - Lu.22.Avr.2024 - 3h09
Mercure devient **directe** en **Bélier** (15°59) - Je.25.Avr.2024 - 12h54
Vénus passe en **Taureau** - Lu.29.Avr.2024 - 11h31
Mars passe en **Bélier** - Ma.30.Avr.2024 - 15h33

Nouvelle Lune en **Bélier** (19°24) - 8.Avr.2024 - 18h22
Pleine Lune en **Scorpion** (4°18) - 23.Avr.2024 - 23h50

Les aspects planétaires du mois

⚵	07° 38' ♍	☍	♂	07° 38' ♓	Lu 01.Avr.2024 19h 22
♆	28° 00' ♓	☌	♀		Me 03.Avr.2024 13h 10
♇	01° 57' ♒	⚹	♀	01° 57' ♈	Sa 06.Avr.2024 17h 45
⚳	17° 26' ♑	□	☉	17° 26' ♈	Sa 06.Avr.2024 18h 20
⚷	19° 24' ♈	☌	☉		Lu 08.Avr.2024 18h 26
⚸	21° 03' ♍	⚻	☉	21° 03' ♈	Me 10.Avr.2024 10h 36
⚵	06° 43' ♍	⚻	♀	06° 43' ♈	Me 10.Avr.2024 14h 37
♄	14° 41' ♓	☌	♂		Me 10.Avr.2024 20h 36
☿	22° 32' ♈	☌	☉		Je 11.Avr.2024 23h 03
⚸	21° 23' ♍	⚻	☿	21° 23' ♈	Sa 13.Avr.2024 11h 41
⚸	21° 27' ♍	△	♅	21° 27' ♉	Di 14.Avr.2024 00h 06
⚷	19° 49' ♈	☌	☿		Lu 15.Avr.2024 15h 26
⚳	19° 11' ♑	□	☿	19° 11' ♈	Ma 16.Avr.2024 13h 19
⚳	19° 13' ♑	⚹	♂	19° 13' ♓	Ma 16.Avr.2024 16h 40
♀	17° 33' ♈	☌	☿		Ve 19.Avr.2024 08h 59
♃	21° 30' ♉	⚹	♂	21° 30' ♓	Ve 19.Avr.2024 15h 28
♅	21° 46' ♉	⚹	♂	21° 46' ♓	Ve 19.Avr.2024 23h 56
⚸	22° 10' ♍	☍	♂	22° 10' ♓	Sa 20.Avr.2024 12h 21
♅	21° 50' ♉	☌	♃		Di 21.Avr.2024 02h 28
⚳	19° 52' ♑	□	♀	19° 52' ♈	Di 21.Avr.2024 06h 23
⚷	20° 09' ♈	☌	♀		Di 21.Avr.2024 11h 47
♇	02° 05' ♒	□	☉	02° 05' ♉	Di 21.Avr.2024 17h 02
⚸	22° 29' ♍	⚻	♀	22° 29' ♈	Ma 23.Avr.2024 09h 17
⚸	22° 37' ♍	△	♃	22° 37' ♉	Me 24.Avr.2024 12h 23
⚳	20° 22' ♑	□	⚷	20° 22' ♈	Je 25.Avr.2024 05h 47
⚵	06° 21' ♍	△	☉	06° 21' ♉	Ve 26.Avr.2024 02h 15
♆	28° 52' ♓	☌	♂		Lu 29.Avr.2024 04h 31

Coup de projecteur sur les astres du mois

À partir du 1er et ce jusqu'au 25, **Mercure rétrograde** vous perturbe dans la gestion de votre quotidien. Attendez-vous à devoir faire face à de nombreux imprévus ou à des changements de dernière minute. Restez adaptable quoi qu'il arrive. Attention au stress et à la fatigue.

Heureusement, face aux aspects planétaires un peu lourds, vous pouvez compter sur le soutien du **Soleil** dès le 19, mais également de **Jupiter** et d'**Uranus** ainsi que de **Vénus** à partir du 29. C'est le moment parfait pour définir de nouveaux projets, donner une nouvelle dynamique à votre relation amoureuse ou vous ouvrir à d'autres possibilités. Pour certains, votre vie amoureuse ou votre situation financière sera en pleine évolution ou transformation.

Vous et votre travail

Comptez sur une plus grande créativité et inventivité pour faire face à vos différentes obligations. Évitez de céder au stress et au surmenage. Ne laissez rien au hasard. Pour certains natifs, le mois est parfait pour clore un chapitre de votre vie professionnelle et vous ouvrir à d'autres perspectives. Misez sur la nouveauté. N'ayez pas peur de bousculer vos habitudes et de sortir des sentiers battus.

En quête d'un emploi

Il est grand temps de vous renouveler ou d'acquérir de nouvelles connaissances. Pour certains natifs, les astres vous obligent à dresser un bilan de votre situation présente et passée. Faites votre introspection en vue de vous ouvrir au changement. Pensez formation et surtout réorientation. Donnez une nouvelle direction à votre vie professionnelle.

En mode retraite

Les loisirs sont à l'honneur. C'est une belle période pour découvrir de nouvelles activités ou passions. Ouvrez-vous à d'autres centres d'intérêt. Fuyez les habitudes et donnez une nouvelle orientation à votre vie. Faites preuve de curiosité et de fantaisie.

Vos points forts

Une plus grande créativité.

Vos points faibles

Une tendance à l'insatisfaction
et à la morosité.

Fixez vos objectifs professionnels du mois

☆ ……………………………………

……………………………………

……………………………………

☆ ……………………………………

……………………………………

……………………………………

☆ ……………………………………

……………………………………

……………………………………

☆ ……………………………………

……………………………………

……………………………………

☆ ……………………………………

……………………………………

Vos moyens pour y parvenir

☆ ……………………………………

……………………………………

……………………………………

☆ ……………………………………

……………………………………

……………………………………

☆ ……………………………………

……………………………………

……………………………………

☆ ……………………………………

……………………………………

……………………………………

☆ ……………………………………

……………………………………

Vous et vos amours

À deux

Malgré les contraintes que vous pouvez rencontrer dans votre quotidien, avril est un excellent mois pour donner une nouvelle dynamique à votre vie de couple. Faites preuve d'ingéniosité et de fantaisie. Pour certains natifs, optez pour de nouveaux projets. Pensez déménagement, engagement, officialisation ou venue d'un enfant.

Couple en crise

Il y a de fortes chances pour que vous vous trouviez à un carrefour de votre existence. Quelles que soient vos relations, la vie vous invite et incite à changer. Pas question de camper sur vos acquis ou vos positions. Tout vous oblige à faire des efforts ou à modifier en profondeur votre réalité. Pour certains, avril vous permet de préserver votre relation en lui donnant une nouvelle dynamique, pour d'autres, c'est la rupture.

Célibataire

Les astres vous offrent la possibilité de faire une superbe rencontre. Vous donnerez-vous les moyens de vous ouvrir à un nouveau sentiment? C'est le moment rêvé pour entamer un nouveau chapitre de votre vie sentimentale. À vous de jouer.

Vos points forts

Votre inventivité
et votre esprit d'entreprise.

Vos points faibles

Votre désir de tranquillité
et de stabilité.

Faites le point sur votre vie amoureuse

Quelles sont vos envies du moment?

Où en êtes-vous dans votre relation?

☆ ....

....

....

☆ ....

....

....

☆ ....

....

....

☆ ....

....

....

☆ ....

....

De quels moyens disposez-vous pour faire évoluer votre situation?

☆ ....

....

....

☆ ....

....

....

☆ ....

....

....

☆ ....

....

....

....

Vous et votre bien-être

Face au stress et à la morosité ambiante, vous bénéficiez de beaux aspects planétaires qui vous permettent de garder le contrôle de votre vie ainsi que de votre vitalité. Pour certains natifs, en avril, vous vous libérerez d'un problème chronique ou d'un mal-être qui vous handicapait.

Vos points forts
Votre dynamisme ainsi qu'une belle capacité de récupération.

Vos points faibles du mois
Une tendance à vous plaindre.

Vos objectifs bien-être d'avril

☆ ……………………………………………………………………………………
……………………………………………………………………………………
……………………………………………………………………………………
☆ ……………………………………………………………………………………
……………………………………………………………………………………
……………………………………………………………………………………
☆ ……………………………………………………………………………………
……………………………………………………………………………………
……………………………………………………………………………………
☆ ……………………………………………………………………………………
……………………………………………………………………………………
……………………………………………………………………………………
☆ ……………………………………………………………………………………
……………………………………………………………………………………
……………………………………………………………………………………

À vous de jouer !

Listez les atouts offerts par les astres

* ....
....
....
* ....
....
....
* ....
....
....
* ....
....
....

Listez les actions possibles

* ....
....
....
* ....
....
....
* ....
....
....
* ....
....
....
* ....
....
....

Les plus de votre ascendant

Capricorne – Bélier: profitez de cette période pour bien analyser votre situation ou pour faire le point sur vos relations.

Capricorne – Taureau: mois propice à un renouveau sentimental. Que vous soyez seul ou en couple, ouvrez-vous à d'autres horizons ou d'autres perspectives.

Capricorne – Gémeaux: la fatigue est au rendez-vous. Vous avez des difficultés à faire face à votre réalité ou à vos obligations. Attention au surmenage ou au *burn-out*.

Capricorne – Cancer: votre cercle relationnel est en pleine évolution ou renouvellement tout comme vos idées ou certains de vos projets.

Capricorne – Lion: c'est un mois idéal pour élargir vos connaissances, bouger, entreprendre, multiplier les actions ainsi que les initiatives.

Capricorne – Vierge: vous rêviez de donner une nouvelle dynamique à votre vie. Vous allez être servi. Restez observateur et suivez le mouvement.

Capricorne – Balance: excellent mois pour mener à bien des négociations, entamer un vrai dialogue de vérité avec votre moitié, signer des contrats.

Capricorne – Scorpion: vous vous trouvez à la croisée des chemins. Des choix sont à faire. Des décisions sont à prendre, quel que soit le domaine.

Capricorne – Sagittaire: attendez-vous à éprouver des difficultés à faire face à vos différentes obligations. Les moments de fatigue ne sont pas à exclure.

Capricorne – Capricorne: c'est le moment d'accepter une demande en mariage, de redéfinir les bases de votre relation ou de donner une autre direction à votre vie sentimentale.

Capricorne – Verseau : mois empreint de démarches diverses. Vous allez devoir vous accrocher. Pour certains, vous n'aurez rien sans rien.

Capricorne – Poissons : vous affichez une belle énergie. Volontaire et combatif, rien ne vous arrête. Déterminé, vous allez au bout de toutes vos obligations.

mai

Carte du ciel du mois

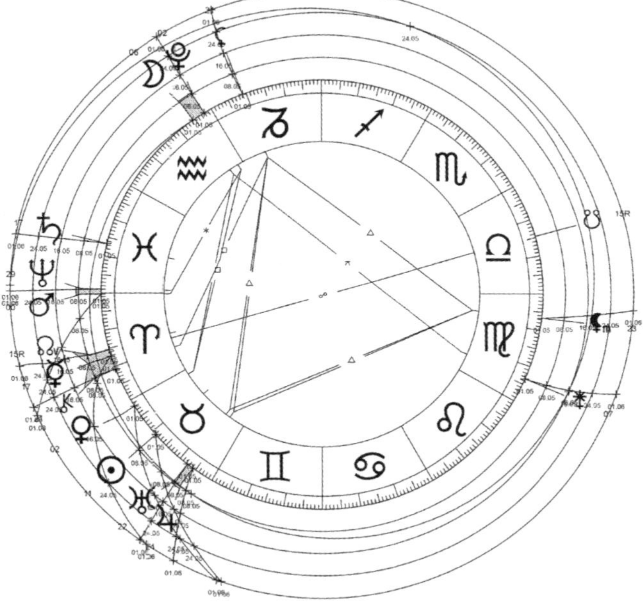

Éphémérides planétaires

Pluton rétrograde en **Verseau** (2°06) - Je.2.Mai.2024 - 17h42
Cérès rétrograde en **Capricorne** (21°33) - Me.15.Mai.2024 - 5h38
Mercure passe en **Taureau** - Me.15.Mai.2024 - 17h05
Le **Soleil** passe en **Gémeaux** - Lu.20.Mai.2024 - 13h00
Vénus passe en **Gémeaux** - Je.23.Mai.2024 - 20h30
Jupiter passe en **Gémeaux** - Sa.25.Mai.2024 - 23h15

Nouvelle Lune en **Taureau** (18°02) - 8.Mai.2024 - 3h23
Pleine Lune en **Sagittaire** (2°55) - 23.Mai.2024 - 13h54

Les aspects planétaires du mois

♇	02° 06'	♒	□	♀	02° 06'	♉	Me 01.Mai.2024 04h 29
♇	02° 06'	♒	⚹	♂	02° 06'	♈	Ve 03.Mai.2024 09h 06
⚵	06° 48'	♍	△	♀	06° 48'	♉	Sa 04.Mai.2024 23h 51
⚷	21° 02'	♈	☌	☿			Ma 07.Mai.2024 02h 24
♄	17° 10'	♓	⚹	☉	17° 10'	♉	Ma 07.Mai.2024 05h 42
⚳	21° 22'	♑	□	☿	21° 22'	♈	Ma 07.Mai.2024 11h 51
⚵	07° 15'	♍	⚻	♂	07° 15'	♈	Ve 10.Mai.2024 01h 46
⚸m	24° 26'	♍	⚻	☿	24° 26'	♈	Ve 10.Mai.2024 18h 55
⚳	21° 30'	♑	△	☉	21° 30'	♉	Sa 11.Mai.2024 17h 31
♅	23° 06'	♉	☌	☉			Lu 13.Mai.2024 09h 13
♄	17° 40'	♓	⚹	♀	17° 40'	♉	Lu 13.Mai.2024 19h 45
⚸m	24° 56'	♍	△	☉	24° 56'	♉	Me 15.Mai.2024 06h 38
⚳	21° 32'	♑	□	⚷	21° 32'	♈	Je 16.Mai.2024 14h 52
⚳	21° 32'	♑	△	♀	21° 32'	♉	Je 16.Mai.2024 23h 16
♇	02° 03'	♒	□	☿	02° 03'	♉	Ve 17.Mai.2024 07h 44
♅	23° 24'	♉	☌	♀			Sa 18.Mai.2024 11h 40
♃	28° 18'	♉	☌	☉			Sa 18.Mai.2024 18h 45
♆	29° 26'	♓	⚹	☉	29° 26'	♉	Di 19.Mai.2024 22h 45
⚸m	25° 28'	♍	△	♀	25° 28'	♉	Lu 20.Mai.2024 04h 10
⚵	08° 49'	♍	△	☿	08° 49'	♉	Me 22.Mai.2024 03h 10
♇	02° 01'	♒	△	☉	02° 01'	♊	Me 22.Mai.2024 15h 14
♃	29° 23'	♉	☌	♀			Je 23.Mai.2024 08h 29
♆	29° 30'	♓	⚹	♀	29° 30'	♉	Je 23.Mai.2024 10h 51
♆	29° 31'	♓	⚹	♃	29° 31'	♉	Je 23.Mai.2024 21h 45
♇	01° 59'	♒	△	♀	01° 59'	♊	Sa 25.Mai.2024 11h 16
♄	18° 33'	♓	⚹	☿	18° 33'	♉	Ma 28.Mai.2024 03h 22
⚳	21° 02'	♑	□	♂	21° 02'	♈	Ma 28.Mai.2024 05h 04
⚳	20° 56'	♑	△	☿	20° 56'	♉	Me 29.Mai.2024 11h 39
⚷	22° 10'	♈	☌	♂			Me 29.Mai.2024 17h 06
♅	24° 08'	♉	☌	☿			Ve 31.Mai.2024 05h 54
⚵	10° 28'	♍	□	☉	10° 28'	♊	Ve 31.Mai.2024 10h 33

Coup de projecteur sur les astres du mois

Ce mois-ci, tour à tour, les astres s'éloignent le temps de quelques semaines ou quelques jours. Ainsi, jusqu'au 20, comptez sur l'influence du **Soleil** qui vous donne énergie, clairvoyance et vision d'ensemble. Jusqu'au 23, **Vénus** vous accompagne et vous permet de vous épanouir dans votre vie amoureuse ou dans vos différents projets. Jusqu'au 25, profitez des derniers bienfaits de **Jupiter**. C'est encore le moment d'avancer dans vos entreprises, de vous ouvrir à d'autres horizons ou d'autres perspectives, voire de cultiver le grain de folie qu'il vous manque.

À partir du 15, **Mercure** vous offre une plus grande concentration, une meilleure approche des autres et un sens des échanges plus prononcé. À vous d'user de tous ces «outils» avec intelligence.

Vous et votre travail

Encore un mois «parfait» pour mettre en place de nouveaux projets ou de nouvelles stratégies. Vous avez le vent en poupe. Ne vous posez pas de questions et foncez. Multipliez les initiatives. Faites preuve de créativité, cela vous aidera dans tous les secteurs de votre activité. Pour avancer comme vous le souhaitez dans vos entreprises, ciblez bien vos actions et vos priorités. Regardez vers l'avenir.

En quête d'un emploi

Si vous avez envie de créer votre entreprise, le *timing* est parfait. C'est le moment d'y aller. Prenez le taureau par les cornes et multipliez les démarches. Pour d'autres natifs, attendez-vous à être très sollicités. Une opportunité se présente. À vous de la saisir. Quoi que vous viviez, tous les feux sont au vert. Certains pourraient d'ailleurs commencer une période d'essai qui débouchera sur un CDI.

En mode retraite

Vous n'aurez pas le temps de vous ennuyer. Les activités et les loisirs se multiplient. Votre vie sociale est enrichissante et intense. Votre emploi du temps ressemble à celui d'un ministre et vous manquez parfois de disponibilité pour vos proches ou vos amis. Essayez de bien vous organiser.

Vos points forts

Une grande vivacité, un désir de nouveauté, des ressources «inépuisables».

Vos points faibles

Une tendance à être plus impulsif ou plus autoritaire.

Fixez vos objectifs professionnels du mois

☆ ……………………………………………………………………………………
……………………………………………………………………………………
……………………………………………………………………………………
☆ ……………………………………………………………………………………
……………………………………………………………………………………
……………………………………………………………………………………
☆ ……………………………………………………………………………………
……………………………………………………………………………………
……………………………………………………………………………………
……………………………………………………………………………………
……………………………………………………………………………………
☆ ……………………………………………………………………………………
……………………………………………………………………………………

Vos moyens pour y parvenir

☆ ……………………………………………………………………………………
……………………………………………………………………………………
……………………………………………………………………………………
☆ ……………………………………………………………………………………
……………………………………………………………………………………
……………………………………………………………………………………
☆ ……………………………………………………………………………………
……………………………………………………………………………………
……………………………………………………………………………………
☆ ……………………………………………………………………………………
……………………………………………………………………………………
……………………………………………………………………………………
☆ ……………………………………………………………………………………
……………………………………………………………………………………
……………………………………………………………………………………

Vous et vos amours

À deux
Joli mois qui s'ouvre devant vous. Vous avez la possibilité de vous rapprocher de votre partenaire et tout vous invite à multiplier les projets. Il y a peu de chance que vous vous ennuyiez dans votre vie. Pour certains natifs, mai est une période rythmée par les bonnes nouvelles (découverte d'une grossesse, venue d'un enfant, demande en mariage, officialisation de votre relation).

Couple en crise
Ouvrez bien vos yeux et vos oreilles, car ce mois est celui qui vous permettra de trouver des solutions à vos problèmes du moment ou passés. Ainsi, avez-vous l'occasion de remettre les compteurs à zéro et de donner une nouvelle chance à votre relation.

Célibataire
Débordant de charme, vous ne laissez personne indifférent. Toutes les conditions sont réunies pour que vous fassiez une «superbe» rencontre. À vous de rester observateur et d'être ouvert aux gestes d'affection que certaines personnes peuvent vous témoigner. Si vous désiriez en finir avec la solitude de cœur, c'est le mois ou jamais.

Vos points forts
Une plus grande douceur et une plus grande facilité de communication.

Vos points faibles
Une tendance à faire preuve d'une trop grande exigence.

Faites le point sur votre vie amoureuse

Quelles sont vos envies du moment?

Où en êtes-vous dans votre relation?

★ ....

....

....

★ ....

....

....

★ ....

....

....

★ ....

....

....

★ ....

....

De quels moyens disposez-vous pour faire évoluer votre situation?

★ ....

....

....

★ ....

....

....

★ ....

....

....

★ ....

....

....

....

Vous et votre bien-être

Même si vous avez la sensation de manquer d'énergie ou de motivation, vous disposez de tous les atouts et de tous les éléments qu'il vous faut pour avancer dans votre vie ou dans vos projets. À vous de faire preuve d'esprit d'entreprise et de détermination. Relevez les défis qui se présentent à vous. Ayez confiance en vous.

Vos points forts
Un bel optimisme, une grande capacité de récupération.

Vos points faibles du mois
Une tendance à surestimer vos forces, une méconnaissance de vos limites.

Vos objectifs bien-être de mai

☆ ....
....
....
☆ ....
....
....
☆ ....
....
....
☆ ....
....
....
☆ ....
....

À vous de jouer !

Listez les atouts offerts par les astres

- ☆ ……………………………………………………………………………………
……………………………………………………………………………………………
……………………………………………………………………………………………
- ☆ ……………………………………………………………………………………
……………………………………………………………………………………………
……………………………………………………………………………………………
- ☆ ……………………………………………………………………………………
……………………………………………………………………………………………
……………………………………………………………………………………………
- ☆ ……………………………………………………………………………………
……………………………………………………………………………………………
……………………………………………………………………………………………

Listez les actions possibles

- ☆ ……………………………………………………………………………………
……………………………………………………………………………………………
……………………………………………………………………………………………
- ☆ ……………………………………………………………………………………
……………………………………………………………………………………………
……………………………………………………………………………………………
- ☆ ……………………………………………………………………………………
……………………………………………………………………………………………
……………………………………………………………………………………………
- ☆ ……………………………………………………………………………………
……………………………………………………………………………………………
……………………………………………………………………………………………
- ☆ ……………………………………………………………………………………
……………………………………………………………………………………………
……………………………………………………………………………………………
……………………………………………………………………………………………

Les plus de votre ascendant

Capricorne – Bélier: plus vif et plus énergique, rien ne peut vous arrêter. C'est le moment d'avancer vos pions et de marquer des points dans votre activité.

Capricorne – Taureau: mois de renouveau qui voit de nouvelles envies prendre forme. Pour beaucoup, mieux dans vos baskets, vous êtes au top de votre forme. Pour d'autres, tout vous incite à reprendre votre hygiène de vie en main.

Capricorne – Gémeaux: c'est le mois idéal pour faire une pause et vous ressourcer. Prenez des vacances. Partez en voyage. Changez d'air ou recentrez-vous sur ce qui vous semble essentiel.

Capricorne – Cancer: acceptez les invitations et les sorties. Donnez un nouveau sens à votre vie amicale ou sociale.

Capricorne – Lion: relevez les défis qui se présentent. Acceptez les responsabilités que l'on vous confie. Gardez le contrôle de votre vie.

Capricorne – Vierge: mois propice aux opportunités, aux propositions professionnelles, aux nouvelles connaissances ou aux nouveaux défis. Foncez.

Capricorne – Balance: profitez de mai pour vous entourer de personnes vives et dynamiques. Donnez une plus grande importance à votre moitié.

Capricorne – Scorpion: les astres protègent votre vie amoureuse ou sociale. Quelle que soit votre situation, l'épanouissement est au rendez-vous.

Capricorne – Sagittaire: préparez-vous à entrer dans une nouvelle phase de votre vie. Avant de vous concentrer sur vos amours ou vos amis, saisissez toutes les occasions d'améliorer votre cadre de vie ou de travail.

Capricorne – Capricorne: votre vie familiale ou sentimentale, mais également un projet vous apportent de belles satisfactions.

Capricorne – Verseau: attendez-vous à traverser une période compliquée faite de doutes, de remises en question et de lassitude.

Capricorne – Poissons: vos amis sont à l'honneur et ils vous apportent énormément. Pour d'autres natifs, vos actions et vos démarches aboutissent positivement.

juin

Carte du ciel du mois

Éphémérides planétaires

Mercure passe en **Gémeaux** - Lu.3.Juin.2024 - 7h37
Mars passe en **Taureau** - Di.9.Juin.2024 - 4h35
Vénus passe en **Cancer** - Lu.17.Juin.2024 - 6h20
Mercure passe en **Cancer** - Lu.17.Juin.2024 - 9h07
Le **Soleil** passe en **Cancer** - Je.20.Juin.2024 - 20h51
La **Lune noire moyenne** passe en **Balance** - Sa.29.Juin.2024 - 19h00
Saturne rétrograde en **Poissons** (19°26) - Sa.29.Juin.2024 - 19h19

Nouvelle Lune en **Gémeaux** (16°18) - 6.Juin.2024 - 12h39
Pleine Lune en **Capricorne** (1°07) - 22.Juin.2024 - 1h09

Les aspects planétaires du mois

⚶	10° 41'	♍	□	♀	10° 41'	♊	Sa 01.Jun.2024 13h 01
⚸	26° 52'	♍	△	☿	26° 52'	♉	Sa 01.Jun.2024 16h 51
♇	01° 53'	♒	△	♃	01° 53'	♊	Lu 03.Jun.2024 00h 12
♆	29° 42'	♓	⚹	☿	29° 42'	♉	Lu 03.Jun.2024 03h 57
♇	01° 52'	♒	△	☿	01° 52'	♊	Ma 04.Jun.2024 06h 12
♃	02° 13'	♊	☌	☿			Ma 04.Jun.2024 10h 23
♀	14° 30'	♊	☌	☉			Ma 04.Jun.2024 15h 34
⚸	27° 18'	♍	⚻	♂	27° 18'	♈	Me 05.Jun.2024 13h 38
♄	19° 03'	♓	□	♀	19° 03'	♊	Sa 08.Jun.2024 08h 25
⚳	19° 43'	♑	⚻	♀	19° 43'	♊	Sa 08.Jun.2024 21h 24
⚶	12° 19'	♍	□	☿	12° 19'	♊	Di 09.Jun.2024 06h 52
♄	19° 05'	♓	□	☉	19° 05'	♊	Di 09.Jun.2024 10h 36
⚳	19° 34'	♑	⚻	☉	19° 34'	♊	Di 09.Jun.2024 22h 28
⚷	22° 40'	♈	⚹	♀	22° 40'	♊	Ma 11.Jun.2024 07h 11
♇	01° 45'	♒	□	♂	01° 45'	♉	Ma 11.Jun.2024 13h 21
⚳	19° 11'	♑	⚹	♄	19° 11'	♓	Me 12.Jun.2024 09h 06
♄	19° 11'	♓	□	☿	19° 11'	♊	Me 12.Jun.2024 10h 47
⚷	22° 45'	♈	⚹	☉	22° 45'	♊	Je 13.Jun.2024 06h 23
⚷	22° 46'	♈	⚹	☿	22° 46'	♊	Ve 14.Jun.2024 02h 01
☿	24° 06'	♊	☌	☉			Ve 14.Jun.2024 16h 33
⚸	28° 28'	♍	□	♀	28° 28'	♊	Di 16.Jun.2024 00h 21
⚸	28° 33'	♍	□	☿	28° 33'	♊	Di 16.Jun.2024 17h 06
♆	29° 52'	♓	□	♀	29° 52'	♊	Lu 17.Jun.2024 03h 46
♆	29° 52'	♓	□	☿	29° 52'	♊	Lu 17.Jun.2024 07h 41
♀	00° 20'	♋	☌	☿			Lu 17.Jun.2024 12h 43
♇	01° 38'	♒	⚻	☿	01° 38'	♋	Ma 18.Jun.2024 03h 13
♇	01° 38'	♒	⚻	♀	01° 38'	♋	Ma 18.Jun.2024 14h 12
⚸	28° 52'	♍	□	☉	28° 52'	♊	Me 19.Jun.2024 16h 32
♆	29° 54'	♓	□	☉	29° 54'	♊	Je 20.Jun.2024 18h 12
♂	09° 12'	♉	⚹	☿	09° 12'	♋	Ve 21.Jun.2024 16h 23
♇	01° 33'	♒	⚻	☉	01° 33'	♋	Sa 22.Jun.2024 12h 01
⚶	16° 11'	♍	⚹	☿	16° 11'	♋	Ma 25.Jun.2024 02h 25
⚳	16° 44'	♑	☍	☿	16° 44'	♋	Ma 25.Jun.2024 09h 11
⚶	16° 31'	♍	△	⚳	16° 31'	♑	Me 26.Jun.2024 09h 39
♄	19° 25'	♓	△	☿	19° 25'	♋	Me 26.Jun.2024 18h 10
⚷	23° 12'	♈	□	☿	23° 12'	♋	Ve 28.Jun.2024 17h 58
⚸	29° 56'	♍	☍	♆	29° 56'	♓	Sa 29.Jun.2024 03h 42
♂	14° 40'	♉	⚹	♀	14° 40'	♋	Sa 29.Jun.2024 04h 49
⚳	15° 44'	♑	☍	♀	15° 44'	♋	Di 30.Jun.2024 01h 44
♅	25° 41'	♉	⚹	☿	25° 41'	♋	Di 30.Jun.2024 02h 20
⚳	15° 38'	♑	△	♂	15° 38'	♉	Di 30.Jun.2024 13h 02

Coup de projecteur sur les astres du mois

À partir du 9, **Mars** vous influence à nouveau positivement. Plus combatif et plus réactif, vous défendrez vos intérêts avec force et courage. C'est une bonne période pour donner une nouvelle impulsion à votre vie amoureuse. Ne craignez pas de vous montrer plus passionné.

À partir du 17, **Vénus** et **Mercure** suivies du **Soleil**, le 20, vous font les yeux doux. Tout vous incite à vous rapprocher de votre moitié si vous êtes en couple et à consolider les liens qui vous unissent. Pour les autres natifs, le moment est venu de vous questionner sur vos aspirations et vos attentes sentimentales.

Le 29, la **Lune noire moyenne** vous oblige à faire le point sur vous ou à porter un autre regard sur votre situation.

Vous et votre travail

Si vous désirez améliorer votre cadre de travail, vous pouvez compter sur un coup de pouce des astres. La période est parfaite pour trouver de nouveaux outils ou moyens afin de faire évoluer votre situation. Pour certains natifs, vos supérieurs vous soutiennent dans vos projets et vos relations sont plus harmonieuses et plus constructives.

En quête d'un emploi

Belle période pour reprendre en main votre situation. Donnez-vous les moyens d'avancer dans vos recherches. Multipliez les entretiens. Dites oui aux courtes missions qui peuvent vous servir de tremplin. Acceptez de faire un remplacement qui vous ouvrira de nouveaux horizons ou profitez de ce mois pour vous fixer de nouveaux objectifs.

En mode retraite

En juin, vous mettez l'accent sur le mieux vivre. Plus attentif à vos besoins mais également au bon fonctionnement de votre organisme, vous veillez à préserver votre équilibre de vie. Tout vous permet d'accéder à un meilleur épanouissement.

Vos points forts

Un bel optimisme, une plus grande confiance en vous.

Vos points faibles

Une exigence trop développée et un certain autoritarisme.

Fixez vos objectifs professionnels du mois

- ☆ ……………………………………………………………………………………
……………………………………………………………………………………
……………………………………………………………………………………
- ☆ ……………………………………………………………………………………
……………………………………………………………………………………
……………………………………………………………………………………
- ☆ ……………………………………………………………………………………
……………………………………………………………………………………
……………………………………………………………………………………
- ☆ ……………………………………………………………………………………
……………………………………………………………………………………
……………………………………………………………………………………
- ☆ ……………………………………………………………………………………
……………………………………………………………………………………

Vos moyens pour y parvenir

- ☆ ……………………………………………………………………………………
……………………………………………………………………………………
……………………………………………………………………………………
- ☆ ……………………………………………………………………………………
……………………………………………………………………………………
……………………………………………………………………………………
- ☆ ……………………………………………………………………………………
……………………………………………………………………………………
……………………………………………………………………………………
- ☆ ……………………………………………………………………………………
……………………………………………………………………………………
……………………………………………………………………………………
- ☆ ……………………………………………………………………………………
……………………………………………………………………………………

Vous et vos amours

À deux

Beau mois pour ramener la passion au sein de votre relation. Profitez de juin pour partager des moments forts en compagnie de votre moitié. Donnez une nouvelle impulsion à votre vie conjugale. Parlez de vos aspirations ainsi que de vos besoins. Montrez-vous plus à l'écoute et faites preuve de tendresse. De beaux moments sont à prévoir.

Couple en crise

Deux ambiances se profilent. Soit vous prenez les choses en main bien décidé à redonner à votre relation une dynamique plus constructive, soit vous aspirez à vivre autrement. Dans le second cas, attendez-vous à une séparation qui redistribuera les cartes de votre vie amoureuse.

Célibataire

Très belle période pour vous ouvrir à un nouveau sentiment. C'est le moment de tourner une page de votre vie amoureuse et de vous donner la chance de démarrer une histoire. Allez-y sans crainte. Libérez-vous de vos peurs et laissez-vous porter par la vie. Inutile de trop vous poser de questions ou de trop analyser vos émotions.

Vos points forts
Un tempérament plus passionné et plus vif.

Vos points faibles
Une tendance à vouloir aller trop vite en besogne.

Faites le point sur votre vie amoureuse

Quelles sont vos envies du moment?

Où en êtes-vous dans votre relation?

☆ ....

....

....

☆ ....

....

....

☆ ....

....

....

☆ ....

....

....

☆ ....

....

De quels moyens disposez-vous pour faire évoluer votre situation?

☆ ....

....

....

☆ ....

....

....

☆ ....

....

....

☆ ....

....

....

....

Vous et votre bien-être 

Bon moment pour être plus à l'écoute des besoins de votre organisme. Plus que jamais, tout vous invite à préserver votre équilibre et à porter une plus grande attention à votre hygiène de vie. Pas question de mettre à mal vos réserves d'énergie.

Vos points forts
Une plus grande énergie,
une superbe combativité.

Vos points faibles du mois
Un désir d'en faire trop.

Vos objectifs bien-être de juin

☆ ....

....

....

☆ ....

....

....

☆ ....

....

....

☆ ....

....

....

☆ ....

....

....

....

À vous de jouer !

Listez les atouts offerts par les astres

★ ....
....
....
★ ....
....
....
★ ....
....
....
★ ....
....
....
★ ....
....
....

Listez les actions possibles

★ ....
....
....
★ ....
....
....
★ ....
....
....
★ ....
....
....

Les plus de votre ascendant

Capricorne – Bélier: défendez vos projets ainsi que vos intérêts avec confiance et détermination. Quoi que vous fassiez, battez le fer tant qu'il est chaud.

Capricorne – Taureau: belle énergie et belle combativité qui vous permettent de faire face à toutes vos obligations.

Capricorne – Gémeaux: saisissez toutes les occasions de vous démarquer ou de vous faire remarquer. Acceptez les nouvelles responsabilités que l'on vous confie. Restez ouvert et communicatif. Cultivez l'optimisme.

Capricorne – Cancer: c'est le moment de faire une pause, de vous laisser porter par la vie, de voir vos amis et de vous axer sur votre vie amoureuse.

Capricorne – Lion: attendez-vous à voir votre rythme de travail s'intensifier. C'est la dernière ligne droite avant les vacances. Pour certains, votre vie sociale est en pleine évolution.

Capricorne – Vierge: débordé, vous avez bien du mal à faire face à vos obligations. Tout vous oblige à plus de détermination et d'organisation.

Capricorne – Balance: entourez-vous de personnes combatives, positives et dynamiques. Fuyez les relations trop complexes ou source de tensions.

Capricorne – Scorpion: à deux, laissez votre partenaire prendre les rênes de votre relation. Célibataire, passez en mode conquête et séduction.

Capricorne – Sagittaire: période propice à une rencontre, à l'officialisation de votre relation, à de multiples signatures de contrat.

Capricorne – Capricorne: joli mois pour aimer, être aimé, passer de délicieux moments en compagnie de vos amis ou de votre partenaire.

Capricorne – Verseau: l'atmosphère devient plus douce et plus épanouissante. Vous avez de nombreuses occasions de reprendre en main votre vie amoureuse ou vos projets.

Capricorne – Poissons: attention à ne pas agir avec précipitation. Ne cédez pas à la panique ou à la pression. Essayez de relativiser votre situation ou les situations.

juillet

Carte du ciel du mois

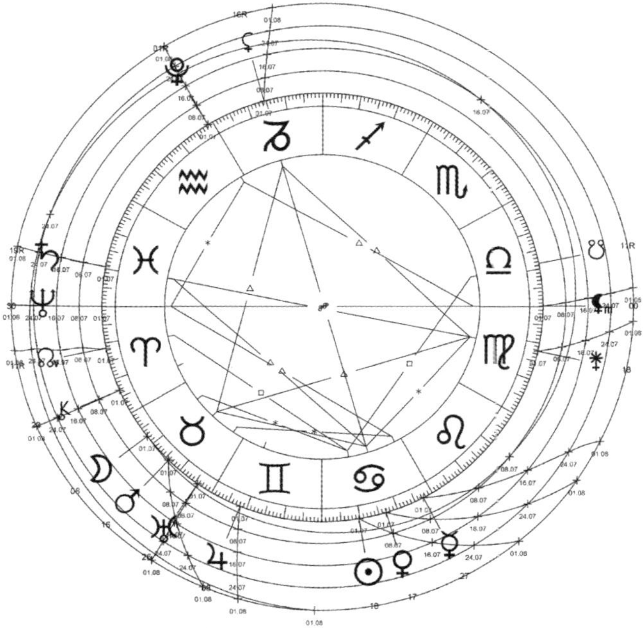

Éphémérides planétaires

Neptune rétrograde en **Poissons** (29°56) - Ma.2.Juil.2024 - 10h03
Mercure passe en **Lion** - Ma.2.Juil.2024 - 12h50
Vénus passe en **Lion** - Je.11.Juil.2024 - 16h19
Mars passe en **Gémeaux** - Sa.20.Juil.2024 - 20h43
Le **Soleil** passe en **Lion** - Lu.22.Juil.2024 - 7h44
Mercure passe en **Vierge** - Je.25.Juil.2024 - 22h42
Chiron devient **rétrograde** en **Bélier** (23°32) - Ve.26.Juil.2024 - 13h26

Nouvelle Lune en **Cancer** (14°23) - 5.Juil.2024 - 22h59
Pleine Lune en **Capricorne** (29°09) - 21.Juil.2024 - 10h18

Les aspects planétaires du mois

⚵	18° 02'	♍	⚹	♀	18° 02'	♋	Lu 01.Jul.2024 22h 36
♆	29° 56'	♓	△	☿	29° 56'	♋	Ma 02.Jul.2024 11h 53
⚸m	00° 20'	♎	⚹	☿	00° 20'	♌	Ma 02.Jul.2024 17h 23
♄	19° 25'	♓	△	♀	19° 25'	♋	Me 03.Jul.2024 01h 41
♇	01° 20'	♒	☍	☿	01° 20'	♌	Me 03.Jul.2024 07h 27
⚵	18° 56'	♍	△	♂	18° 56'	♉	Ve 05.Jul.2024 03h 27
♄	19° 24'	♓	⚹	♂	19° 24'	♉	Ve 05.Jul.2024 19h 02
⚳	14° 26'	♑	☍	☉	14° 26'	♋	Sa 06.Jul.2024 00h 03
⚷	23° 21'	♈	□	♀	23° 21'	♋	Sa 06.Jul.2024 06h 32
⚵	19° 23'	♍	☍	♄	19° 23'	♓	Sa 06.Jul.2024 17h 30
♅	26° 03'	♉	⚹	♀	26° 03'	♋	Lu 08.Jul.2024 11h 04
♃	09° 50'	♊	⚹	☿	09° 50'	♌	Lu 08.Jul.2024 14h 26
⚸m	01° 10'	♎	△	♇	01° 10'	♒	Me 10.Jul.2024 07h 36
⚳	13° 20'	♑	⚻	☿	13° 20'	♌	Me 10.Jul.2024 23h 38
♄	19° 19'	♓	△	☉	19° 19'	♋	Je 11.Jul.2024 03h 05
♆	29° 55'	♓	△	♀	29° 55'	♋	Je 11.Jul.2024 14h 32
♇	01° 07'	♒	☍	♀	01° 07'	♌	Ve 12.Jul.2024 14h 12
⚸m	01° 27'	♎	⚹	♀	01° 27'	♌	Ve 12.Jul.2024 20h 46
⚵	21° 17'	♍	⚹	☉	21° 17'	♋	Sa 13.Jul.2024 04h 23
♄	19° 14'	♓	⚻	☿	19° 14'	♌	Lu 15.Jul.2024 08h 57
⚷	23° 29'	♈	□	☉	23° 29'	♋	Lu 15.Jul.2024 11h 43
♅	26° 19'	♉	☌	♂			Lu 15.Jul.2024 14h 05
⚳	11° 48'	♑	⚻	♃	11° 48'	♊	Je 18.Jul.2024 06h 18
♅	26° 26'	♉	⚹	☉	26° 26'	♋	Je 18.Jul.2024 14h 00
⚷	23° 31'	♈	△	☿	23° 31'	♌	Je 18.Jul.2024 23h 56
⚵	23° 31'	♍	⚻	⚷	23° 31'	♈	Sa 20.Jul.2024 12h 51
♆	29° 51'	♓	⚹	♂	29° 51'	♉	Sa 20.Jul.2024 15h 17
⚳	11° 18'	♑	⚻	♀	11° 18'	♌	Sa 20.Jul.2024 20h 53
♃	12° 31'	♊	⚹	♀	12° 31'	♌	Di 21.Jul.2024 20h 43
♅	26° 33'	♉	□	☿	26° 33'	♌	Di 21.Jul.2024 22h 21
♆	29° 50'	♓	△	☉	29° 50'	♋	Lu 22.Jul.2024 03h 25
♇	00° 54'	♒	△	♂	00° 54'	♊	Lu 22.Jul.2024 03h 47
♇	00° 52'	♒	☍	☉	00° 52'	♌	Ma 23.Jul.2024 05h 38
⚸m	02° 48'	♎	△	♂	02° 48'	♊	Me 24.Jul.2024 22h 08
⚸m	02° 51'	♎	⚹	☉	02° 51'	♌	Je 25.Jul.2024 07h 11
♆	29° 47'	♓	⚻	☿	29° 47'	♌	Je 25.Jul.2024 16h 00
♂	03° 37'	♊	⚹	☉	03° 37'	♌	Ve 26.Jul.2024 02h 32
♄	18° 50'	♓	⚻	♀	18° 50'	♌	Sa 27.Jul.2024 00h 07
♇	00° 47'	♒	⚻	☿	00° 47'	♍	Sa 27.Jul.2024 00h 49
⚷	23° 32'	♈	△	♀	23° 32'	♌	Ma 30.Jul.2024 19h 54
⚵	26° 49'	♍	△	♅	26° 49'	♉	Ma 30.Jul.2024 23h 13

Coup de projecteur sur les astres du mois

Jusqu'au 11, comptez sur l'œil tendre de **Vénus** et jusqu'au 22, profitez des doux rayons du **Soleil**. La période est donc idéale pour vaquer à vos différentes activités, mettre un peu de fantaisie dans votre quotidien, vous laisser porter par les événements, lâcher prise ou prendre la vie comme elle vient.
Saisissez chaque occasion pour faire preuve de plus de romantisme. Entourez-vous de personnes bienveillantes et rayonnantes. Donnez à votre vie sociale une note de vacances.

À partir du 25, **Mercure** vient faciliter vos échanges avec les autres (amis, parents, enfants, partenaire). Profitez-en pour libérer votre parole. Exprimez-vous. Dévoilez-vous. Sortez de votre réserve.

Vous et votre travail

Profitez des deux premières semaines de juillet pour mieux organiser votre travail d'équipe. N'hésitez pas à accepter les conseils et le soutien de vos collaborateurs. Menez à bien des discussions ou des négociations qui demandent patience et détermination. Durant les derniers moments de juillet, tout vous amène à prendre du recul ou à faire une pause.

En quête d'un emploi

Jusqu'au 20, vous êtes amené à faire des rencontres extrêmement intéressantes et porteuses. Vos entretiens se passent au mieux et vous pouvez être satisfait de la manière dont vous les avez menés. C'est une excellente période pour frapper aux portes. Passé le 20, les choses sont moins évidentes et vous pouvez avoir plus de difficultés à démarcher.

En mode retraite

Donnez une plus grande importance à votre vie sociale ou amicale. Acceptez les nombreuses invitations que l'on vous propose. Rompez avec la routine et les habitudes. Ouvrez-vous à d'autres horizons. Prenez la vie comme elle vient. Passez en mode vacances et détente.

Vos points forts

Un plus grand sens de l'écoute, une plus grande facilité à négocier.

Vos points faibles

Un idéal peu réaliste.

Fixez vos objectifs professionnels du mois

- ☆ ……………………………………………………………………
…………………………………………………………………………
…………………………………………………………………………
- ☆ ……………………………………………………………………
…………………………………………………………………………
…………………………………………………………………………
- ☆ ……………………………………………………………………
…………………………………………………………………………
…………………………………………………………………………
- ☆ ……………………………………………………………………
…………………………………………………………………………
…………………………………………………………………………
- ☆ ……………………………………………………………………
…………………………………………………………………………

Vos moyens pour y parvenir

- ☆ ……………………………………………………………………
…………………………………………………………………………
…………………………………………………………………………
- ☆ ……………………………………………………………………
…………………………………………………………………………
…………………………………………………………………………
- ☆ ……………………………………………………………………
…………………………………………………………………………
…………………………………………………………………………
- ☆ ……………………………………………………………………
…………………………………………………………………………
…………………………………………………………………………
- ☆ ……………………………………………………………………
…………………………………………………………………………

Vous et vos amours

À deux

Durant une grande partie du mois, les astres favorisent votre relation amoureuse. Tous les ingrédients sont réunis pour que vous passiez de délicieux moments en compagnie de votre partenaire. Dites oui au romantisme, à la fantaisie et à la créativité. Laissez plus de place à la passion et aux émotions.

Couple en crise

Les planètes vous donnent une nouvelle occasion d'améliorer votre vie conjugale. Saurez-vous utiliser ce mois à bon escient? Seul vous avez le pouvoir de changer en profondeur le mode de fonctionnement de votre relation. C'est le moment de tout mettre à plat ou de vous évader afin de vous retrouver.

Célibataire

Toujours en pleine possession de vos moyens et bourré de charme, vous rayonnez. Les derniers moments du printemps sont parfois favorables pour faire de nouvelles rencontres et vous ouvrir à l'amour ou à un flirt d'été.

Vos points forts
Une plus grande facilité
à exprimer vos sentiments.

Vos points faibles
Une certaine difficulté
à identifier vos aspirations.

Faites le point sur votre vie amoureuse

Quelles sont vos envies du moment?
Où en êtes-vous dans votre relation?

☆ ……………………………………………………………………………………
……………………………………………………………………………………
……………………………………………………………………………………
☆ ……………………………………………………………………………………
……………………………………………………………………………………
……………………………………………………………………………………
☆ ……………………………………………………………………………………
……………………………………………………………………………………
……………………………………………………………………………………
☆ ……………………………………………………………………………………
……………………………………………………………………………………
……………………………………………………………………………………
☆ ……………………………………………………………………………………
……………………………………………………………………………………

De quels moyens disposez-vous pour faire évoluer votre situation?

☆ ……………………………………………………………………………………
……………………………………………………………………………………
……………………………………………………………………………………
☆ ……………………………………………………………………………………
……………………………………………………………………………………
……………………………………………………………………………………
☆ ……………………………………………………………………………………
……………………………………………………………………………………
……………………………………………………………………………………
☆ ……………………………………………………………………………………
……………………………………………………………………………………
……………………………………………………………………………………
……………………………………………………………………………………

Vous et votre bien-être

Ce mois-ci, les autres ont une certaine influence sur votre état moral et sur votre humeur. Veillez à vous entourer de personnes positives qui vous porteront vers le haut. Fuyez les relations toxiques.

<u>Vos points forts</u>
Une grande détermination
et une belle énergie.

<u>Vos points faibles du mois</u>
Une légère tendance à faire des excès.

Vos objectifs bien-être de juillet

☆ ....

....

....

☆ ....

....

....

☆ ....

....

....

☆ ....

....

....

☆ ....

....

....

....

À vous de jouer !

Listez les atouts offerts par les astres

☆ ....

....

....

☆ ....

....

....

☆ ....

....

....

☆ ....

....

....

☆ ....

....

....

Listez les actions possibles

☆ ....

....

....

☆ ....

....

....

☆ ....

....

....

☆ ....

....

....

Les plus de votre ascendant

Capricorne – Bélier: acceptez les sorties et les invitations. Rapprochez-vous de vos amis. Multipliez les occasions de faire de nouvelles rencontres.

Capricorne – Taureau: avancez comme vous le souhaitez dans vos différents projets. Donnez une nouvelle impulsion à une entreprise qui vous tient à cœur.

Capricorne – Gémeaux: efforcez-vous de voir le verre à moitié plein plutôt qu'à moitié vide. Donnez-vous les moyens de vous épanouir en amour ou en famille.

Capricorne – Cancer: belle période pour donner du sens à votre vie amoureuse ou conjugale. Mois propice aux rencontres, à l'équilibre et à l'harmonie.

Capricorne – Lion: misez sur l'écoute et le dialogue. Faites un effort de compréhension et ne cherchez pas à imposer votre rythme à votre entourage.

Capricorne – Vierge: essayez de prendre un peu de distance vis-à-vis d'une situation ou d'un problème. N'hésitez pas à écouter les conseils de vos proches.

Capricorne – Balance: saisissez chaque occasion de vous évader et de changer d'air. Marquez un temps d'arrêt. Prenez la vie avec légèreté.

Capricorne – Scorpion: beau mois pour démarrer un projet qui vous tient à cœur, une relation amoureuse ou pour rompre avec votre rythme quotidien.

Capricorne – Sagittaire: profitez de juillet pour étoffer votre vie sociale ou amicale. Allez vers les autres avec plus de spontanéité.

Capricorne – Capricorne: montrez-vous plus doux, plus romantique et plus créatif, cela vous aidera à passer d'excellentes vacances si vous êtes à deux. Seul, usez de votre charme.

Capricorne – Verseau: misez sur les échanges. Privilégiez l'écoute, la compréhension ainsi que le dialogue, quel que soit le domaine.

Capricorne – Poissons: mois favorable au partage et aux délicieux moments conjugaux. Célibataire, donnez-vous le droit d'aimer.

août

Carte du ciel du mois

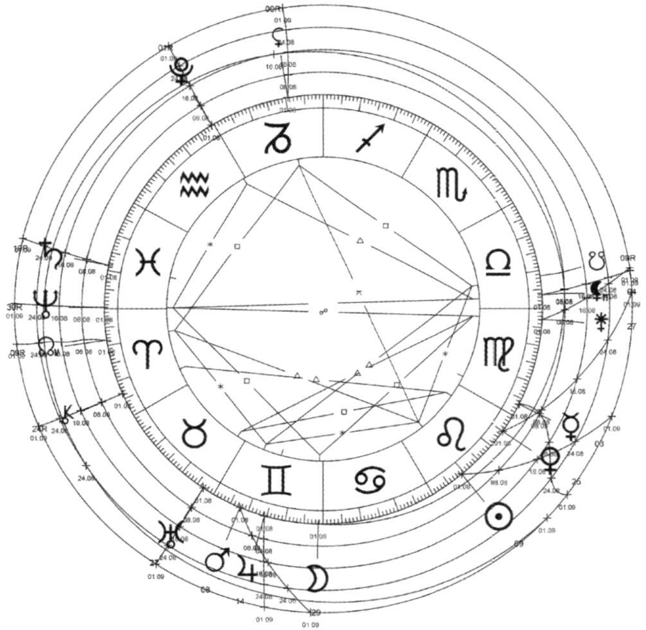

Éphémérides planétaires

Vénus passe en **Vierge** - Lu.5.Aoû.2024 - 2h23
Mercure rétrograde en **Vierge** (4°06) - Lu.5.Aoû.2024 - 4h56
Junon passe en **Balance** - Ve.9.Aoû.2024 - 16h37
Mercure rétrograde revient en **Lion** - Je.15.Aoû.2024 - 0h15
Le **Soleil** passe en **Vierge** - Je.22.Aoû.2024 - 14h55
Cérès redevient **direct** en **Capricorne** (7°29) - Lu.26.Aoû.2024 - 7h39
Mercure redevient **directe** en **Lion** (21°25) - Me.28.Aoû.2024 - 21h14
Vénus passe en **Balance** - Je.29.Aoû.2024 - 13h23

Nouvelle Lune en **Lion** (2°34) - 4.Aoû.2024 - 11h14
Pleine Lune en **Verseau** (27°15) - 19.Aoû.2024 - 18h27

Les aspects planétaires du mois

⚳	09° 22' ♑	⚻	☉	09° 22' ♌	Je 01.Aou.2024 02h 57
♅	26° 53' ♉	□	♀	26° 53' ♌	Ve 02.Aou.2024 13h 27
⚳	09° 05' ♑	⚻	♂	09° 05' ♊	Sa 03.Aou.2024 03h 51
♆	29° 39' ♓	⚻	♀	29° 39' ♌	Di 04.Aou.2024 19h 24
♇	00° 34' ♒	⚻	♀	00° 34' ♍	Lu 05.Aou.2024 13h 17
♃	15° 32' ♊	✶	☉	15° 32' ♌	Me 07.Aou.2024 13h 37
♀	03° 44' ♍	☌	☿		Je 08.Aou.2024 03h 12
⚶	29° 35' ♍	☍	♆	29° 35' ♓	Je 08.Aou.2024 10h 10
♄	18° 05' ♓	⚻	☉	18° 05' ♌	Sa 10.Aou.2024 05h 26
⚶	00° 26' ♎	△	♇	00° 26' ♒	Di 11.Aou.2024 00h 01
⚳	08° 07' ♑	△	♀	08° 07' ♍	Di 11.Aou.2024 17h 11
♇	00° 21' ♒	⚻	☿	00° 21' ♍	Me 14.Aou.2024 13h 03
♃	16° 40' ♊	☌	♂		Me 14.Aou.2024 15h 22
⚷	23° 21' ♈	△	☉	23° 21' ♌	Je 15.Aou.2024 17h 12
♆	29° 26' ♓	⚻	☿	29° 26' ♌	Je 15.Aou.2024 17h 19
♄	17° 42' ♓	□	♂	17° 42' ♊	Ve 16.Aou.2024 05h 30
♅	27° 10' ♉	□	☿	27° 10' ♌	Di 18.Aou.2024 09h 47
☿	26° 36' ♌	☌	☉		Lu 19.Aou.2024 01h 58
♃	17° 22' ♊	□	♀	17° 22' ♍	Lu 19.Aou.2024 05h 53
♄	17° 30' ♓	☍	♀	17° 30' ♍	Lu 19.Aou.2024 08h 30
♅	27° 11' ♉	□	☉	27° 11' ♌	Lu 19.Aou.2024 16h 46
♄	17° 27' ♓	□	♃	17° 27' ♊	Lu 19.Aou.2024 21h 46
♆	29° 18' ♓	⚻	☉	29° 18' ♌	Me 21.Aou.2024 21h 29
♇	00° 11' ♒	⚻	☉	00° 11' ♍	Je 22.Aou.2024 19h 34
♂	22° 08' ♊	□	♀	22° 08' ♍	Ve 23.Aou.2024 03h 21
⚷	23° 12' ♈	△	☿	23° 12' ♌	Ve 23.Aou.2024 12h 22
⚷	23° 11' ♈	⚻	♀	23° 11' ♍	Ve 23.Aou.2024 23h 56
♂	22° 48' ♊	✶	☿	22° 48' ♌	Sa 24.Aou.2024 04h 31
⚷	23° 10' ♈	✶	♂	23° 10' ♊	Sa 24.Aou.2024 18h 32
♅	27° 15' ♉	△	♀	27° 15' ♍	Ma 27.Aou.2024 07h 24
♆	29° 08' ♓	☍	♀	29° 08' ♍	Me 28.Aou.2024 20h 24
♇	00° 04' ♒	△	♀	00° 04' ♎	Je 29.Aou.2024 14h 32
⚶	06° 47' ♎	☌	⚸m		Je 29.Aou.2024 15h 18
⚳	07° 32' ♑	△	☉	07° 32' ♍	Ve 30.Aou.2024 10h 24
⚶	07° 35' ♎	□	⚳	07° 35' ♑	Sa 31.Aou.2024 22h 53

Coup de projecteur sur les astres du mois

À partir du 5 et jusqu'au 29, **Vénus** met un peu de douceur, de joie et de légèreté dans votre quotidien. Profitez-en pour vous évader. Libérez-vous de certaines contraintes professionnelles. Axez-vous sur votre vie amoureuse et donnez-lui une dimension plus festive. Si vous partez en vacances, saisissez chaque occasion de vous ressourcer.

Toujours le 5, **Mercure** devient rétrograde et vous influence jusqu'au 15. Profitez-en pour parler, exposer vos idées, mieux vous faire comprendre ou consolider certains liens amicaux.

À partir du 9, **Junon** joue contre vous et vient vous titiller. Efforcez-vous d'être plus diplomate et plus doux.

À partir du 22, le **Soleil** devient favorable. Vous êtes prêt pour reprendre le chemin du travail ou retourner à votre quotidien.

Vous et votre travail

Si vous n'avez aucun mal à avancer dans vos différents projets ou si vous parvenez sans souci à venir à bout de la plupart de vos tâches, tout vous invite à avancer à votre rythme. Pour certains, attendez-vous à ne rien maîtriser. Lâchez prise et laissez-vous porter par les événements.

En quête d'un emploi

Ce n'est pas ce mois-ci que vous trouverez le travail de vos rêves. Tout tourne au ralenti et tout vous incite à prendre du recul par rapport à votre situation ou les démarches faites les mois précédents. Montrez-vous plus philosophe.

En mode retraite

Vous donnez la priorité à vos loisirs. Ainsi, malgré un esprit sérieux et une certaine maturité, vous avez envie de vous amuser ou de vous divertir. Ce mois d'août est parfait pour vous laisser aller à vos envies. Pour certains natifs, c'est le bon moment pour partir en vacances ou en voyage.

Vos points forts

Une recherche de stabilité,
une grande application.

Vos points faibles

Une quête de perfection.

Fixez vos objectifs professionnels du mois

☆ ....

....

....

☆ ....

....

....

☆ ....

....

....

☆ ....

....

....

☆ ....

....

Vos moyens pour y parvenir

☆ ....

....

....

☆ ....

....

....

☆ ....

....

....

☆ ....

....

....

☆ ....

....

Vous et vos amours

À deux

Les astres vous offrent de nombreux moments d'évasion en amoureux. Si vous êtes en vacances, la douceur, la bonne humeur et la sensualité s'invitent dans votre couple. Savourez-en chaque instant. Vivez le moment présent sans vous poser de questions.

Couple en crise

Si vous avez laissé votre chance passer de rééquilibrer votre quotidien, les influx planétaires vous incitent à prendre le large ou à faire un break. N'hésitez pas à prendre de la distance pour faire le point et revenir avec un autre état d'esprit.

Célibataire

Et si vous mettiez à profit ce dernier mois de vacances pour vous amuser, profiter de la vie et vous laisser porter par les rencontres qui marqueront votre chemin. Mettez de côté vos habitudes et vos principes. Laissez place à la fantaisie.

Vos points forts

Un fort désir d'équilibre,
une soif d'épanouissement.

Vos points faibles

Une certaine forme d'inconstance
et de légèreté.

Faites le point sur votre vie amoureuse

Quelles sont vos envies du moment?

Où en êtes-vous dans votre relation?

☆ ....

....

....

☆ ....

....

....

☆ ....

....

....

☆ ....

....

....

☆ ....

....

De quels moyens disposez-vous pour faire évoluer votre situation?

☆ ....

....

....

☆ ....

....

....

☆ ....

....

....

☆ ....

....

....

....

Vous et votre bien-être

C'est en changeant de rythme et d'air que vous avez le plus de chance de parvenir à recharger vos batteries. Profitez de ce mois d'été ainsi que des vacances pour lâcher prise. Évadez-vous. Rompez avec un rythme trop épuisant et stressant. Vivez en fonction de vos envies.

Vos points forts
Un beau dynamisme,
une soif d'action.

Vos points faibles
Un manque de modération.

Vos objectifs bien-être d'août

✩ ....

....

....

✩ ....

....

....

✩ ....

....

....

✩ ....

....

....

✩ ....

....

....

....

À vous de jouer !

Listez les atouts offerts par les astres

☆ ....

....

....

☆ ....

....

....

☆ ....

....

....

☆ ....

....

....

☆ ....

....

....

Listez les actions possibles

☆ ....

....

....

☆ ....

....

....

☆ ....

....

....

☆ ....

....

....

Les plus de votre ascendant

Capricorne – Bélier: prenez le temps de réfléchir à vos aspirations, à votre vie, à votre relation conjugale ou à votre avenir.

Capricorne – Taureau: essayez d'être moins cérébral et plus affectueux, cela vous aidera dans votre vie amoureuse, que vous soyez seul ou en couple.

Capricorne – Gémeaux: donnez une nouvelle dynamique à votre vie ou à une de vos entreprises. Montrez-vous plus curieux et plus combatif.

Capricorne – Cancer: de très jolis moments sont à prévoir au contact de vos amis. Profitez-en pour faire le plein de bonne humeur.

Capricorne – Lion: août est parfait pour faire le point sur ce qui est important pour vous ou pour réfléchir aux projets qui vous attendent à la rentrée.

Capricorne – Vierge: à deux, misez sur la douceur, la fantaisie et la complicité. Évitez d'être trop introverti et solitaire. Célibataire, lâchez-vous.

Capricorne – Balance: savourez chaque instant passé en compagnie d'amis fidèles et bienveillants. Ouvrez-vous à des relations pétillantes.

Capricorne – Scorpion: prenez la vie comme elle vient. Ne cherchez pas à maîtriser quoi que ce soit. Vivez au rythme de vos envies et de vos besoins du moment.

Capricorne – Sagittaire: restez ouvert aux nouvelles rencontres. Laissez votre partenaire prendre les rênes de votre couple, lancez-vous dans un nouveau projet.

Capricorne – Capricorne : il est temps de marquer un break. Évadez-vous. Fuyez les situations trop lourdes au profit de moments remplis de légèreté.

Capricorne – Verseau : beau mois d'août en perspective où vous avez la possibilité de vous épanouir autant en amitié qu'en amour.

Capricorne – Poissons : la douceur, la bonne humeur, la complicité et le partage s'invitent dans votre existence, quelle que soit votre situation.

septembre

Carte du ciel du mois

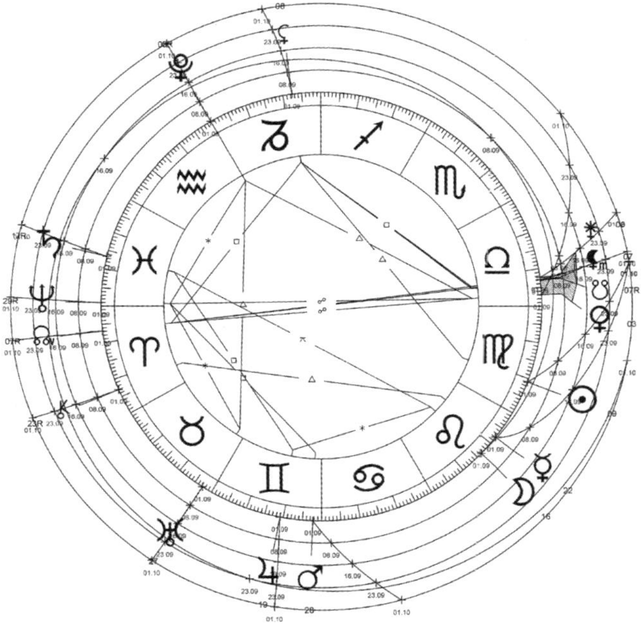

Éphémérides planétaires

Uranus rétrograde en **Taureau** (27°15) - Di.1.Sep.2024 - 15h38
Pluton repasse en **Capricorne** - Lu.2.Sep.2024 - 0h02
Mars passe en **Cancer** - Me.4.Sep.2024 - 19h46
Mercure repasse en **Vierge** - Lu.9.Sep.2024 - 6h50
Le **Soleil** passe en **Balance** - Di.22.Sep.2024 - 12h43
Mercure passe en **Balance** - Je.26.Sep.2024 - 8h09

Nouvelle Lune en **Vierge** (11°04) - 3.Sep.2024 – 1h57
Pleine Lune en **Poissons** (25°41) - 18.Sep.2024 – 2h36

Les aspects planétaires du mois

⚷	22° 56'	♈	△	☿	22° 56'	♌	Lu 02.Sep.2024 13h 46
♆	29° 00'	♓	□	♂	29° 00'	♊	Ma 03.Sep.2024 04h 09
⚸m	07° 27'	♎	☌	♀			Me 04.Sep.2024 15h 23
♇	29° 57'	♑	⚻	♂	29° 57'	♊	Me 04.Sep.2024 17h 59
⚳	07° 45'	♑	□	♀	07° 45'	♎	Me 04.Sep.2024 21h 27
⚵	09° 26'	♎	☌	♀			Ve 06.Sep.2024 06h 24
♅	27° 15'	♉	□	☿	27° 15'	♌	Sa 07.Sep.2024 04h 21
♄	16° 02'	♓	☍	☉	16° 02'	♍	Di 08.Sep.2024 04h 35
♆	28° 52'	♓	⚻	☿	28° 52'	♌	Di 08.Sep.2024 10h 52
♇	29° 53'	♑	⚻	☿	29° 53'	♌	Lu 09.Sep.2024 04h 55
♄	15° 47'	♓	⚻	♀	15° 47'	♎	Me 11.Sep.2024 10h 52
♂	04° 22'	♋	⚹	☿	04° 22'	♍	Je 12.Sep.2024 03h 42
♃	20° 10'	♊	□	☉	20° 10'	♍	Je 12.Sep.2024 10h 53
⚸m	08° 27'	♎	□	⚳	08° 27'	♑	Ve 13.Sep.2024 15h 50
⚳	08° 33'	♑	△	☿	08° 33'	♍	Sa 14.Sep.2024 15h 25
⚷	22° 30'	♈	⚻	☉	22° 30'	♍	Sa 14.Sep.2024 20h 22
♃	20° 24'	♊	△	♀	20° 24'	♎	Di 15.Sep.2024 05h 34
⚷	22° 25'	♈	☍	♀	22° 25'	♎	Lu 16.Sep.2024 21h 28
⚸m	08° 51'	♎	□	⚳	08° 51'	♑	Ma 17.Sep.2024 04h 45
♄	15° 15'	♓	☍	☿	15° 15'	♍	Me 18.Sep.2024 08h 51
♅	27° 07'	♉	△	☉	27° 07'	♍	Je 19.Sep.2024 14h 05
⚸m	09° 14'	♎	□	♂	09° 14'	♋	Ve 20.Sep.2024 15h 41
♅	27° 06'	♉	⚻	♀	27° 06'	♎	Ve 20.Sep.2024 17h 36
⚳	09° 19'	♑	☍	♂	09° 19'	♋	Ve 20.Sep.2024 19h 01
♆	28° 31'	♓	☍	☉	28° 31'	♍	Sa 21.Sep.2024 00h 17
♃	20° 48'	♊	□	☿	20° 48'	♍	Sa 21.Sep.2024 08h 50
♆	28° 29'	♓	⚻	♀	28° 29'	♎	Sa 21.Sep.2024 20h 53
⚵	14° 59'	♎	⚻	♄	14° 59'	♓	Di 22.Sep.2024 00h 00
⚷	22° 13'	♈	⚻	☿	22° 13'	♍	Di 22.Sep.2024 02h 58
♇	29° 44'	♑	△	☉	29° 44'	♍	Di 22.Sep.2024 06h 12
♇	29° 44'	♑	□	♀	29° 44'	♎	Di 22.Sep.2024 21h 15
♅	27° 02'	♉	△	☿	27° 02'	♍	Ma 24.Sep.2024 17h 27
♆	28° 24'	♓	☍	☿	28° 24'	♍	Me 25.Sep.2024 11h 07
♇	29° 42'	♑	△	☿	29° 42'	♍	Je 26.Sep.2024 04h 14
♄	14° 25'	♓	△	♂	14° 25'	♋	Lu 30.Sep.2024 04h 06
☿	08° 11'	♎	☌	☉			Lu 30.Sep.2024 21h 09

Coup de projecteur sur les astres du mois

À partir du 2, vous aurez enfin la sensation de respirer et surtout d'être pleinement libre de vos actions. Vive le départ de **Pluton**.

Le 4, **Mars** se positionne dans le signe opposé au vôtre influençant votre vie amoureuse mais également votre univers social ou amical. C'est une période favorable aux collaborations, à la mise en commun de vos énergies ou de vos stratégies. Pour les natifs en couple, si vous désirez rompre avec les habitudes, c'est le moment.

Le 9, **Mercure**, directe, vous rend plus curieux, plus sociable et plus vif. N'ayez pas peur d'élargir votre champ de vision ou d'action. Sortez des sentiers battus.

Vous et votre travail

Votre retour de vacances, et par conséquent votre reprise, risque d'être intense. Très demandé, vous devrez répondre à de nombreuses sollicitations. Vos supérieurs comme vos collaborateurs attendront énormément de vous. Septembre est le mois idéal pour travailler en équipe, trouver de nouvelles collaborations ou pour définir une nouvelle direction de travail.

En quête d'un emploi

Vous allez rencontrer des personnes particulièrement intéressantes. C'est le bon moment pour nouer de nouvelles relations et élargir votre carnet d'adresses. Relancez les entreprises que vous avez déjà démarchées. Rappelez-vous à leur bon souvenir. Montrez que vous existez. Vous l'aurez compris, septembre est parfait pour passer des entretiens et même signer un contrat.

En mode retraite

Les autres auront une plus grande influence sur vous et votre bien-être. Pensez à vous entourer de personnes positives et vives. Dites oui aux sorties et ne restez pas chez vous à attendre que le temps passe. Pour certains natifs, ce mois vous voit vous lancer de nouveaux défis et commencer une nouvelle activité.

Vos points forts
Votre curiosité, votre esprit
logique et critique.

Vos points faibles
Une légère tendance
à l'insatisfaction.

Fixez vos objectifs professionnels du mois

☆ ....

....

....

☆ ....

....

....

☆ ....

....

....

☆ ....

....

....

☆ ....

....

Vos moyens pour y parvenir

☆ ....

....

....

☆ ....

....

....

☆ ....

....

....

☆ ....

....

....

☆ ....

....

Vous et vos amours

À deux

Plus qu'un mois empreint de douceur, c'est surtout une période idéale pour bousculer vos habitudes et ne pas retomber dans la routine. Pour certains d'entre vous, c'est le moment de laisser plus de place à votre moitié. Laissez-la s'exprimer et prendre des initiatives.

Couple en crise

Ce n'est pas le meilleur mois pour parvenir à mieux vous entendre ou vous comprendre. Face aux nombreuses insatisfactions, les tensions montent et les malentendus se multiplient. Attendez-vous à une période particulièrement difficile à vivre.

Célibataire

Plus en mode professionnel, vous mettez de côté vos amours pour vous consacrer à vos multiples projets. Pour certains natifs, une relation naissante pourrait bien devenir source d'insatisfaction et de souffrance. Ce n'est pas la période idéale pour vous épanouir dans votre vie sentimentale.

Vos points forts
Votre dynamisme.

Vos points faibles
Votre insatisfaction
et votre exigence.

Faites le point sur votre vie amoureuse

Quelles sont vos envies du moment?

Où en êtes-vous dans votre relation?

☆ ....

....

....

☆ ....

....

....

☆ ....

....

....

☆ ....

....

....

☆ ....

....

De quels moyens disposez-vous pour faire évoluer votre situation?

☆ ....

....

....

☆ ....

....

....

☆ ....

....

....

☆ ....

....

....

....

Vous et votre bien-être

Ce mois-ci, vous êtes extrêmement sensible aux influences extérieures. Efforcez-vous de vous préserver du stress et tenez-vous à l'écart des tensions. C'est un mois intéressant pour toutes celles et tous ceux qui désirent se remettre au sport ou découvrir un nouveau loisir.

Vos points forts
Votre résistance et votre dynamisme.

Vos points faibles du mois
Une difficulté à faire preuve de mesure.

Vos objectifs bien-être de septembre

☆ ....

....

....

☆ ....

....

....

☆ ....

....

....

....

☆ ....

....

....

☆ ....

....

....

....

À vous de jouer !

Listez les atouts offerts par les astres

☆ ....

....

....

☆ ....

....

....

☆ ....

....

....

☆ ....

....

....

☆ ....

....

....

Listez les actions possibles

☆ ....

....

....

☆ ....

....

....

☆ ....

....

....

☆ ....

....

....

Les plus de votre ascendant

Capricorne – Bélier: donnez-vous les moyens d'améliorer votre cadre de vie ou vos relations avec les autres.

Capricorne – Taureau: si vous désirez faire un stage, multiplier les démarches, élargir vos horizons, c'est le bon moment.

Capricorne – Gémeaux: rentrée un peu difficile. Essayez de mieux vous organiser et surtout restez concentré sur vos priorités.

Capricorne – Cancer: c'est sur les chapeaux de roue que vous commencez la rentrée. Il y a peu de chance que vous vous ennuyiez.

Capricorne – Lion: tout vous incite à plus de méthode. Pour certains d'entre vous, vos amis sont une source inépuisable de bonne humeur.

Capricorne – Vierge: plus réfléchi, plus observateur, rien ne peut vous échapper. En pleine possession de vos moyens, c'est le moment d'agir.

Capricorne – Balance: axez-vous sur votre vie amoureuse et préservez l'équilibre de cette dernière. Pour d'autres, restez à l'écoute des besoins de votre organisme.

Capricorne – Scorpion: mois intense qui vous voit redoubler d'efforts ou d'investissement. Vous ne verrez pas le temps passer.

Capricorne – Sagittaire: ce ne sera pas votre meilleure période. Attendez-vous à rencontrer pas mal d'obstacles.

Capricorne – Capricorne: sortez des sentiers battus. Prenez des risques. Misez sur le travail d'équipe ou mettez en commun vos idées ainsi que vos stratégies.

Capricorne – Verseau: septembre sera rythmé par d'agréables moments de douceur et d'épanouissement.

Capricorne – Poissons: les astres vous poussent à être plus communicatif et plus à l'écoute de votre entourage.

octobre

Carte du ciel du mois

Éphémérides planétaires

Jupiter rétrograde en **Gémeaux** (21°20) - Me.9.Oct.2024 - 6h56
Pluton redevient **directe** en **Capricorne** (29°39) - Sa.12.Oct.2024 - 1h28
Mercure passe en **Scorpion** - Di.13.Oct.2024 - 19h23
Vénus passe en **Sagittaire** - Je.17.Oct.2024 - 19h28
Le **Soleil** passe en **Scorpion** - Ma.22.Oct.2024 - 22h15

Nouvelle Lune en **Balance** (10°04) - 2.Oct.2024 - 18h50
Pleine Lune en **Bélier** (24°35) - 17.Oct.2024 - 11h28

Les aspects planétaires du mois

⚸m	10° 31' ♎	☌	☿		Me 02.Oct.2024 04h 47
⚳	11° 11' ♑	⚹	♀	11° 11' ♏	Me 02.Oct.2024 07h 08
⚳	11° 15' ♑	□	☿	11° 15' ♎	Me 02.Oct.2024 14h 43
⚸m	10° 39' ♎	☌	☉		Je 03.Oct.2024 09h 06
⚳	11° 34' ♑	□	☉	11° 34' ♎	Ve 04.Oct.2024 07h 33
♄	14° 07' ♓	△	♀	14° 07' ♏	Ve 04.Oct.2024 17h 04
♂	17° 34' ♋	□	☿	17° 34' ♎	Di 06.Oct.2024 06h 37
♄	13° 59' ♓	⚻	☉	13° 59' ♎	Di 06.Oct.2024 18h 28
⚵	20° 44' ♎	☌	☿		Ma 08.Oct.2024 03h 45
♂	18° 38' ♋	△	♀	18° 38' ♏	Ma 08.Oct.2024 10h 22
♃	21° 20' ♊	△	☿	21° 20' ♎	Ma 08.Oct.2024 12h 23
⚷	21° 29' ♈	☍	☿	21° 29' ♎	Ma 08.Oct.2024 14h 35
⚵	21° 20' ♎	△	♃	21° 20' ♊	Me 09.Oct.2024 20h 20
⚵	21° 25' ♎	☍	⚷	21° 25' ♈	Je 10.Oct.2024 02h 08
♃	21° 20' ♊	⚻	♀	21° 20' ♏	Je 10.Oct.2024 15h 44
⚷	21° 24' ♈	⚻	♀	21° 24' ♏	Je 10.Oct.2024 16h 56
♅	26° 37' ♉	⚻	☿	26° 37' ♎	Ve 11.Oct.2024 17h 11
⚷	21° 19' ♈	⚹	♃	21° 19' ♊	Sa 12.Oct.2024 07h 03
♆	27° 56' ♓	⚻	☿	27° 56' ♎	Sa 12.Oct.2024 12h 41
♇	29° 39' ♑	□	☿	29° 39' ♎	Di 13.Oct.2024 14h 03
⚳	13° 36' ♑	⚹	♄	13° 36' ♓	Di 13.Oct.2024 19h 09
⚷	21° 15' ♈	□	♂	21° 15' ♋	Di 13.Oct.2024 20h 34
⚷	21° 14' ♈	☍	☉	21° 14' ♎	Lu 14.Oct.2024 02h 27
♃	21° 18' ♊	△	☉	21° 18' ♎	Lu 14.Oct.2024 03h 52
♂	21° 29' ♋	□	☉	21° 29' ♎	Lu 14.Oct.2024 08h 15
♅	26° 31' ♉	☍	♀	26° 31' ♏	Lu 14.Oct.2024 22h 22
♆	27° 51' ♓	△	♀	27° 51' ♏	Me 16.Oct.2024 00h 49
⚵	23° 45' ♎	☌	☉		Me 16.Oct.2024 15h 16
♇	29° 39' ♑	⚹	♀	29° 39' ♏	Je 17.Oct.2024 12h 30
♄	13° 12' ♓	△	☿	13° 12' ♏	Ma 22.Oct.2024 06h 35
♇	29° 40' ♑	□	☉	29° 40' ♎	Ma 22.Oct.2024 14h 15
⚵	26° 13' ♎	⚻	♅	26° 13' ♉	Me 23.Oct.2024 14h 32
⚳	16° 10' ♑	⚹	☿	16° 10' ♏	Je 24.Oct.2024 05h 59
♅	26° 10' ♉	⚹	♂	26° 10' ♋	Ve 25.Oct.2024 00h 13
⚸m	13° 05' ♎	⚻	♄	13° 05' ♓	Ve 25.Oct.2024 06h 01
⚷	20° 39' ♈	⚻	☿	20° 39' ♏	Di 27.Oct.2024 06h 23
♃	20° 48' ♊	⚻	☿	20° 48' ♏	Di 27.Oct.2024 08h 50
♂	21° 29' ♋	□	☉	21° 29' ♎	Lu 14.Oct.2024 08h 15
♆	27° 34' ♓	△	♂	27° 34' ♋	Lu 28.Oct.2024 12h 31
♄	12° 58' ♓	□	♀	12° 58' ♐	Lu 28.Oct.2024 13h 35
⚸m	13° 30' ♎	⚹	♀	13° 30' ♐	Ma 29.Oct.2024 00h 08
♅	25° 57' ♉	☍	☿	25° 57' ♏	Me 30.Oct.2024 22h 15

Coup de projecteur sur les astres du mois

Jusqu'au 17, **Vénus** vous permet de vous épanouir au contact de ceux et de celles que vous aimez. Profitez-en pour apaiser certaines de vos relations.

À partir du 13, **Mercure** ne vous facilite pas la tâche. Attendez-vous à manquer de concentration et à avoir du mal à gérer votre emploi du temps. Tout vous demande deux fois plus d'investissement et d'implication. Pas question de baisser les bras ou de faire n'importe quoi. Moins sociable, vous éprouvez également plus de difficultés à aller vers les autres.
Après le 13, l'ambiance est plus légère et vous gagnez petit à petit en efficacité.

Mars, toujours à l'opposé de votre signe, vous permet de privilégier le travail d'équipe et de pimenter votre vie sentimentale. Ne craignez pas de prendre des initiatives et de bousculer vos habitudes, quel que soit le domaine.

Vous et votre travail

Appuyez-vous sur vos collaborateurs pour avancer dans plusieurs de vos projets. Établissez des contacts qui vous serviront à consolider vos acquis ou à mieux structurer une de vos entreprises. Pour certains natifs, n'ayez pas peur de déléguer quelques tâches. Faites plus confiance à votre entourage professionnel. Pour d'autres, attendez-vous à ce que vos supérieurs vous demandent énormément de travail. Ces derniers vous attendent sur vos résultats. Essayez de leur apporter satisfaction.

En quête d'un emploi

Pas question de vous laisser aller. Continuez à multiplier vos démarches, établissez des contacts même si cela vous demande de dépasser votre timidité. Pour avancer dans vos recherches, prenez sur vous et travaillez sur votre manière de communiquer.

En mode retraite

Vous êtes extrêmement sollicité par vos amis et par vos proches. Ainsi, devez-vous répondre à de nombreuses invitations ou demandes. Pour satisfaire tout le monde, efforcez-vous de bien vous organiser.

Vos points forts
Votre esprit d'entreprise
et d'équipe.

Vos points faibles
Une difficulté à rester concentré.

Fixez vos objectifs professionnels du mois

☆ ……………………………………………………………………………

……………………………………………………………………………

……………………………………………………………………………

☆ ……………………………………………………………………………

……………………………………………………………………………

……………………………………………………………………………

☆ ……………………………………………………………………………

……………………………………………………………………………

……………………………………………………………………………

☆ ……………………………………………………………………………

……………………………………………………………………………

……………………………………………………………………………

☆ ……………………………………………………………………………

……………………………………………………………………………

Vos moyens pour y parvenir

☆ ……………………………………………………………………………

……………………………………………………………………………

……………………………………………………………………………

☆ ……………………………………………………………………………

……………………………………………………………………………

……………………………………………………………………………

☆ ……………………………………………………………………………

……………………………………………………………………………

……………………………………………………………………………

☆ ……………………………………………………………………………

……………………………………………………………………………

……………………………………………………………………………

☆ ……………………………………………………………………………

……………………………………………………………………………

Vous et vos amours

À deux

Encore une période intéressante pour mettre un peu de peps dans votre vie conjugale. Montrez-vous créatif et saisissez toutes les occasions de surprendre votre moitié. Pour certains, suivez votre partenaire dans ses projets et ses aspirations. Soutenez-le.

Couple en crise

Malgré les tensions et les difficultés à vous comprendre, les astres vous offrent une plage de tranquillité. Profitez-en pour essayer de mettre à plat vos émotions et de trouver un terrain d'entente. Essayez d'être plus conciliant en vue de trouver des solutions à vos problématiques.

Célibataire

Une aventure pourrait bien marquer ce mois d'octobre. À vous de lui donner l'importance qu'elle mérite. Pour certains natifs, attention à ne pas vous lancer dans une histoire impossible avec une personne qui n'est pas disponible. Prudence!

Vos points forts
Une grande impulsivité
ou réactivité.

Vos points faibles
Une tendance à sortir trop
facilement de vos gonds.

Faites le point sur votre vie amoureuse

Quelles sont vos envies du moment?

Où en êtes-vous dans votre relation?

✯ ....

....

....

✯ ....

....

....

✯ ....

....

....

✯ ....

....

....

✯ ....

....

De quels moyens disposez-vous pour faire évoluer votre situation?

✯ ....

....

....

✯ ....

....

....

✯ ....

....

....

✯ ....

....

....

....

Vous et votre bien-être

Pour passer au mieux ce mois, efforcez-vous de rester à l'écoute de votre corps. Ne surestimez pas vos forces et identifiez mieux vos limites. N'ayez pas peur de faire des pauses qui vous permettront de vous ressourcer.

Vos points forts
Un fort désir d'équilibre
et d'harmonie.

Vos points faibles
Une grande sensibilité
à votre environnement.

Vos objectifs bien-être d'octobre

★ ....

....

....

★ ....

....

....

★ ....

....

....

....

★ ....

....

....

....

À vous de jouer !

Listez les atouts offerts par les astres

- ☆ ....
....
....
- ☆ ....
....
....
- ☆ ....
....
....
- ☆ ....
....
....
- ☆ ....
....
....

Listez les actions possibles

- ☆ ....
....
....
- ☆ ....
....
....
- ☆ ....
....
....
- ☆ ....
....
....

Les plus de votre ascendant

Capricorne – Bélier: mois propice à l'écoute, aux négociations ainsi qu'aux discussions. Rapprochez-vous de vos collaborateurs ou de votre partenaire.

Capricorne – Taureau: multipliez les actions. Avancez dans vos démarches, car vous avez les coudées franches.

Capricorne – Gémeaux: efforcez-vous de cultiver l'optimisme. Regardez l'avenir avec confiance. Donnez une direction plus appropriée à vos projets ou vos amours.

Capricorne – Cancer: en pleine possession de vos moyens, rien ne peut vous entraver dans votre élan. Foncez.

Capricorne – Lion: votre vie sociale est source de bien-être et d'harmonie. Savourez chaque instant passé en compagnie de ceux que vous aimez.

Capricorne – Vierge: prenez le temps de faire vos comptes. Mettez de l'ordre dans vos papiers et vos dossiers.

Capricorne – Balance: profitez de cette période propice aux échanges pour établir de nouveaux contacts, voir vos amis ou mener à bien une négociation.

Capricorne – Scorpion: axez-vous sur vos amours. Misez sur toujours plus de fantaisie et de douceur. Restez à l'écoute de votre corps.

Capricorne – Sagittaire: excellent mois pour améliorer votre cadre de vie. Saisissez toutes les occasions d'embellir votre quotidien.

Capricorne – Capricorne: évitez de partir dans tous les sens. Efforcez-vous de rester concentré sur vos tâches courantes. Allez à l'essentiel.

Capricorne – Verseau : octobre est idéal pour élargir vos horizons, envisager une formation, enrichir vos connaissances ou multiplier les entreprises.

Capricorne – Poissons : ouvrez-vous à des domaines qui sauront vous captiver et vous passionner. Ne laissez aucune place à l'ennui et à la morosité.

novembre

Carte du ciel du mois

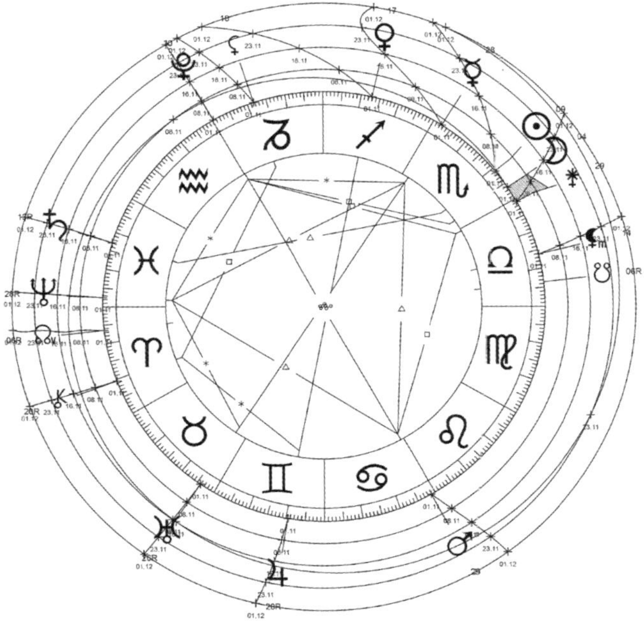

Éphémérides planétaires

Mercure passe en **Sagittaire** - Sa.2.Nov.2024 - 19h18
Junon passe en **Scorpion** - Di.3.Nov.2024 - 8h37
Mars passe en **Lion** - Lu.4.Nov.2024 - 4h10
Vénus passe en **Capricorne** - Lu.11.Nov.2024 - 18h26
Saturne redevient **directe** en **Poissons** (12°42) - Ve.15.Nov.2024 - 14h38
Pluton repasse en **Verseau** - Ma.19.Nov.2024 - 20h50
Le **Soleil** passe en **Sagittaire** - Je.21.Nov.2024 - 19h56
Mercure rétrograde en **Sagittaire** (22°40) - Ma.26.Nov.2024 - 2h42

Nouvelle Lune en **Scorpion** (9°35) - 1.Nov.2024 - 11h59
Pleine Lune en **Lion** (24°01) - 15.Nov.2024 - 21h30

Les aspects planétaires du mois

♆	27° 30'	♓	△	☿	27° 30' ♏	Ve 01.Nov.2024 00h 34
♂	29° 22'	♋	△	☿	29° 22' ♏	Sa 02.Nov.2024 08h 21
⚷	20° 23'	♈	⚹	♃	20° 23' ♊	Sa 02.Nov.2024 08h 48
♇	29° 45'	♑	⚹	☿	29° 45' ♏	Sa 02.Nov.2024 15h 03
⚵	29° 45'	♎	□	♇	29° 45' ♑	Sa 02.Nov.2024 15h 45
♇	29° 46'	♑	☍	♂	29° 46' ♋	Di 03.Nov.2024 11h 38
♃	20° 17'	♊	☍	♀	20° 17' ♐	Di 03.Nov.2024 15h 25
⚷	20° 19'	♈	△	♀	20° 19' ♐	Di 03.Nov.2024 16h 21
♄	12° 48'	♓	△	☉	12° 48' ♏	Lu 04.Nov.2024 17h 36
⚳	20° 00'	♑	⚻	♃	20° 00' ♊	Me 06.Nov.2024 20h 41
⚳	20° 10'	♑	□	⚷	20° 10' ♈	Je 07.Nov.2024 10h 24
♅	25° 37'	♉	⚻	♀	25° 37' ♐	Ve 08.Nov.2024 02h 20
♆	27° 21'	♓	□	♀	27° 21' ♐	Sa 09.Nov.2024 13h 15
♃	19° 33'	♊	⚻	☉	19° 33' ♏	Lu 11.Nov.2024 11h 08
⚷	20° 00'	♈	⚻	☉	20° 00' ♏	Lu 11.Nov.2024 21h 40
♄	12° 42'	♓	□	☿	12° 42' ♐	Ma 12.Nov.2024 13h 22
⚳	22° 13'	♑	⚹	☉	22° 13' ♏	Je 14.Nov.2024 02h 42
♂	03° 03'	♌	⚻	♀	03° 03' ♑	Je 14.Nov.2024 08h 02
⚸m	15° 23'	♎	⚹	☿	15° 23' ♐	Je 14.Nov.2024 22h 20
⚵	04° 06'	♏	⚹	♀	04° 06' ♑	Ve 15.Nov.2024 05h 06
♅	25° 14'	♉	☍	☉	25° 14' ♏	Di 17.Nov.2024 02h 44
♃	18° 48'	♊	☍	☿	18° 48' ♐	Lu 18.Nov.2024 08h 55
♆	27° 14'	♓	△	☉	27° 14' ♏	Ma 19.Nov.2024 02h 07
⚷	19° 43'	♈	△	☿	19° 43' ♐	Ma 19.Nov.2024 11h 28
♇	00° 02'	♒	⚹	☉	00° 02' ♐	Je 21.Nov.2024 20h 49
♄	12° 44'	♓	⚹	♀	12° 44' ♑	Ve 22.Nov.2024 11h 55
⚳	25° 00'	♑	△	♅	25° 00' ♉	Ve 22.Nov.2024 18h 30
⚸m	16° 36'	♎	□	♀	16° 36' ♑	Lu 25.Nov.2024 18h 35
♃	17° 45'	♊	⚻	♀	17° 45' ♑	Ma 26.Nov.2024 18h 08
♂	05° 34'	♌	△	☉	05° 34' ♐	Me 27.Nov.2024 08h 06
⚷	19° 27'	♈	□	♀	19° 27' ♑	Je 28.Nov.2024 04h 58
⚳	27° 09'	♑	⚹	♆	27° 09' ♓	Ve 29.Nov.2024 04h 11

Coup de projecteur sur les astres du mois

Jusqu'au 21, le **Soleil** vous protège et vous donne une grande clarté d'esprit qui vous aide à passer les moments les plus compliqués de novembre. Appuyez-vous sur votre sens de l'analyse et votre compréhension fine des événements.

À partir du 3, avec **Mercure** qui passe en mode rétrograde (le 26) à l'ombre de votre signe, efforcez-vous de faire preuve d'analyse et de lucidité.

À partir du 3, **Junon** vous prête main-forte. Conséquence, vous êtes plus disposé aux compromis, à l'écoute et aux négociations. C'est le mois parfait pour officialiser une situation ou voir reconnaître vos compétences.

À partir du 11, **Vénus** vous octroie une plus grande légèreté d'esprit. Ainsi, parvenez-vous à prendre la vie comme elle vient et à en profiter. En quête d'un plus grand équilibre, vous aspirez à une certaine forme de tranquillité. Sachez profiter des transits de l'astre pour booster votre vie amoureuse et lui donner une direction qui vous convient mieux.

Vous et votre travail

Mois marqué par des choix et des décisions. Tout vous incite à vous engager ou à assumer vos actions ainsi que vos responsabilités. Pour certains natifs, vous aspirez à mieux vivre votre activité et vous cherchez de nouveaux moyens pour améliorer vos conditions générales de travail.

En quête d'un emploi

Tout va vous inciter à puiser dans vos réserves et vos ressources. Ainsi, pour parvenir à vos fins, vous allez devoir prendre sur vous et vous dépasser. Quoi que vous viviez, les astres vous poussent à faire des choix ou à revoir votre manière de démarcher. Ne craignez pas de vous remettre en question.

En mode retraite

Après deux mois intenses, vous allez enfin pouvoir souffler et vous ressourcer. Plus que jamais, vous aspirez au calme et à la tranquillité. Ainsi, vous bougez moins et cherchez à prendre du temps pour vous. Votre sens de l'hospitalité étant plus développé, vous pouvez prendre plaisir à recevoir les personnes que vous aimez.

Vos points forts
Une grande capacité à aller
au fond des choses.

Vos points faibles
Une tendance à être
trop pointilleux.

Fixez vos objectifs professionnels du mois

☆ ....
....
....
☆ ....
....
....
☆ ....
....
....
☆ ....
....
....
☆ ....
....

Vos moyens pour y parvenir

☆ ....
....
....
☆ ....
....
....
☆ ....
....
....
☆ ....
....
....
☆ ....
....

Vous et vos amours

À deux

Profitez des bonnes influences du moment pour vous rapprocher de votre partenaire. Misez sur la douceur, le partage et la complicité. Donnez-vous la chance d'accéder à l'harmonie et à l'épanouissement. Ne craignez pas de montrer vos sentiments.

Couple en crise

C'est le moment de mettre un peu d'eau dans votre vin afin d'apaiser les tensions. Soyez plus responsable et surtout faites preuve d'intelligence afin de passer avec plus de facilité cette crise. Pour certains, le moment est venu de faire appel à une aide extérieure comme un(e) conseiller(ère) conjugal(e).

Célibataire

Vous êtes plus rayonnant et plus charismatique. Ainsi, en pleine possession de vos charmes, vous n'avez aucun mal à séduire et à plaire. Novembre est un mois intéressant pour toutes celles et tous ceux qui désirent faire une rencontre. À vous de jouer.

Vos points forts

Une plus grande douceur,
un désir d'harmonie.

Vos points faibles

Une tendance à chercher
la facilité.

Faites le point sur votre vie amoureuse

Quelles sont vos envies du moment?

Où en êtes-vous dans votre relation?

★ ....

....

....

★ ....

....

....

★ ....

....

....

★ ....

....

....

★ ....

....

De quels moyens disposez-vous pour faire évoluer votre situation?

★ ....

....

....

★ ....

....

....

★ ....

....

....

★ ....

....

....

....

Vous et votre bien-être

Quoi que vous fassiez, quoi que vous viviez, efforcez-vous de préserver votre équilibre général. Ne vous laissez pas déstabiliser par les événements extérieurs ou par les réactions de votre entourage. Sachez répondre aux besoins de votre organisme. Menez une vie plus saine.

Vos points forts
Une plus grande conscience
de votre corps.

Vos points faibles
Des tendances aux excès.

Vos objectifs bien-être de novembre

☆ ....

....

....

☆ ....

....

....

☆ ....

....

....

....

☆ ....

....

....

À vous de jouer !

Listez les atouts offerts par les astres

☆ ....
....
....
☆ ....
....
....
☆ ....
....
....
☆ ....
....
....
☆ ....
....
....

Listez les actions possibles

☆ ....
....
....
☆ ....
....
....
☆ ....
....
....
☆ ....
....
....

Les plus de votre ascendant

Capricorne – Bélier : faites preuve de précision et de méthode. Attention à ne pas laisser trop de place à l'insatisfaction ou à la morosité.

Capricorne – Taureau : profitez de chaque occasion d'améliorer vos relations avec les autres, notamment avec vos collaborateurs.

Capricorne – Gémeaux : misez sur les échanges. Rapprochez-vous des personnes qui vous font du bien. Cultivez la douceur et la bonne humeur.

Capricorne – Cancer : bonne période pour vous ouvrir à l'amour ou pour consolider un lien déjà existant. Cultivez la joie de vivre.

Capricorne – Lion : période propice aux changements, aux décisions et aux choix. C'est le moment de commencer votre révolution.

Capricorne – Vierge : pensez à bien vous organiser, car vous devrez faire face à quelques oppositions. Montrez-vous plus attentif aux événements.

Capricorne – Balance : faites la chasse aux petites insatisfactions. Montrez-vous plus créatif et inventif. Réinventez votre quotidien.

Capricorne – Scorpion : comptez sur une plus grande clarté d'esprit. Tout vous incite à mener à bien vos entreprises.

Capricorne – Sagittaire : les échanges sont à l'honneur. Ouvrez-vous aux autres. Montrez-vous plus sociable et extraverti.

Capricorne – Capricorne : que vous soyez seul ou en couple, donnez la priorité à vos amours. Profitez de ce mois pour donner une nouvelle dynamique à votre vie sentimentale.

Capricorne – Verseau: la période est au changement, aux prises de conscience, aux remises en question ou à l'introspection.

Capricorne – Poissons: ne vous perdez pas dans les détails. Essayez d'être plus concis et plus direct. Efforcez-vous d'aller droit au but.

décembre

Carte du ciel du mois

Éphémérides planétaires

Mars rétrograde en **Lion** (6°10) - Ve.6.Déc.2024 - 23h33
Vénus passe en **Verseau** - Sa.7.Déc.2024 - 6h13
Cérès passe en **Verseau** - Sa.7.Déc.2024 - 9h14
Neptune redevient **directe** en **Poissons** (27°08) - Sa.7.Déc.2024 - 23h16
Mercure redevient **directe** en **Sagittaire** (6°24) - Di.15.Déc.2024 - 20h57
Le **Soleil** passe en **Capricorne** - Sa.21.Déc.2024 - 9h21
Chiron redevient **direct** en **Bélier** (19°00) - Di.29.Déc.2024 - 20h06

Nouvelle Lune en **Sagittaire** (9°33) - 1.Déc.2024 - 11h59
Pleine Lune en **Gémeaux** (23°53) - 15.Déc.2024 - 9h03
Nouvelle Lune en **Capricorne** (1°44) - 30.Déc.2024 - 22h28

Les aspects planétaires du mois

⚸m	17° 11'	♎	△	♃	17° 11'	♊	Di 01.Déc.2024 00h 52
⚷	19° 21'	♈	△	☿	19° 21'	♐	Lu 02.Déc.2024 06h 17
♅	24° 36'	♉	△	♀	24° 36'	♑	Lu 02.Déc.2024 14h 43
⚸m	17° 30'	♎	⚹	☿	17° 30'	♐	Ma 03.Déc.2024 20h 01
♃	16° 44'	♊	☍	☿	16° 44'	♐	Me 04.Déc.2024 10h 16
♄	13° 01'	♓	□	☉	13° 01'	♐	Me 04.Déc.2024 16h 18
♆	27° 08'	♓	⚹	♀	27° 08'	♑	Me 04.Déc.2024 18h 52
☿	14° 27'	♐	☌	☉			Ve 06.Déc.2024 02h 18
♄	13° 06'	♓	□	☿	13° 06'	♐	Sa 07.Déc.2024 01h 53
⚳	29° 56'	♑	☌	♀			Sa 07.Déc.2024 04h 54
♇	00° 23'	♒	☌	♀			Sa 07.Déc.2024 14h 08
♃	16° 15'	♊	☍	☉	16° 15'	♐	Sa 07.Déc.2024 20h 58
⚳	00° 24'	♒	☌	♇			Di 08.Déc.2024 12h 43
⚸m	18° 09'	♎	⚹	☉	18° 09'	♐	Lu 09.Déc.2024 17h 48
⚷	19° 10'	♈	△	☉	19° 10'	♐	Ma 10.Déc.2024 17h 49
♂	05° 58'	♌	☍	♀	05° 58'	♒	Je 12.Déc.2024 10h 46
⚵	13° 22'	♏	△	♄	13° 22'	♓	Ve 13.Déc.2024 06h 15
♀	06° 58'	♒	⚹	☿	06° 58'	♐	Ve 13.Déc.2024 07h 45
♅	24° 07'	♉	⚻	☉	24° 07'	♐	Di 15.Déc.2024 14h 44
⚸m	19° 04'	♎	☍	⚷	19° 04'	♈	Ma 17.Déc.2024 22h 36
⚵	14° 53'	♏	⚻	♃	14° 53'	♊	Me 18.Déc.2024 03h 13
♆	27° 10'	♓	□	☉	27° 10'	♐	Me 18.Déc.2024 14h 28
♃	14° 38'	♊	△	♀	14° 38'	♒	Ve 20.Déc.2024 02h 11
⚳	04° 51'	♒	☍	♂	04° 51'	♌	Ve 20.Déc.2024 20h 18
⚵	15° 48'	♏	□	♀	15° 48'	♒	Sa 21.Déc.2024 03h 16
⚷	19° 01'	♈	⚹	♀	19° 01'	♒	Ma 24.Déc.2024 00h 46
⚸m	19° 50'	♎	△	♀	19° 50'	♒	Ma 24.Déc.2024 18h 21
♄	14° 01'	♓	□	♃	14° 01'	♊	Ma 24.Déc.2024 22h 00
♂	03° 53'	♌	⚻	☉	03° 53'	♑	Me 25.Déc.2024 05h 00
♃	13° 47'	♊	☍	☿	13° 47'	♐	Je 26.Déc.2024 22h 48
♄	14° 11'	♓	□	☿	14° 11'	♐	Ve 27.Déc.2024 07h 29
♅	23° 44'	♉	□	♀	23° 44'	♒	Sa 28.Déc.2024 07h 42

Coup de projecteur sur les astres du mois

Encore un mois où **Mercure rétrograde** à l'ombre de votre signe. Attendez-vous à devoir de nouveau connaître des difficultés de concentration. Pour passer au mieux cette fin d'année, pensez à bien identifier vos ressources et ne surestimez pas vos forces. Faites preuve de prudence.

Comptez sur **Saturne** et même **Neptune** pour consolider certaines de vos relations amicales ou pour bien structurer vos actions ainsi que vos démarches.

À partir du 21, le **Soleil** vient à votre aide. Conséquence, vous connaissez un joli regain d'optimisme qui vous permet de poser un regard confiant sur l'avenir.

Vous et votre travail

Ne vous laissez pas submerger par le stress. Évitez toutes formes de surmenage. Pensez à bien organiser votre emploi du temps et veillez à le respecter. Évitez de vous perdre dans des détails inutiles. Efforcez-vous d'aller droit au but et ne déviez pas de votre cap. Quoi que vous viviez, gardez vos objectifs en tête.

En quête d'un emploi

Ce n'est pas le meilleur moment pour entreprendre, démarcher, postuler ou passer des entretiens. Efforcez-vous de faire preuve de patience et si vous le pouvez, reportez vos actions au mois prochain.

En mode retraite

Et si vous profitiez de décembre pour ralentir votre rythme en vous laissant porter par les événements, cela vous ferait le plus grand bien. Optez pour quelques jours de vacances. Changez d'air. Rompez avec votre quotidien.

Vos points forts

Un bon esprit stratège, une capacité à approfondir les situations.

Vos points faibles

Un manque de concentration.

Fixez vos objectifs professionnels du mois

☆ ....
....
....
☆ ....
....
....
☆ ....
....
....
☆ ....
....
....
☆ ....
....

Vos moyens pour y parvenir

☆ ....
....
....
☆ ....
....
....
☆ ....
....
....
☆ ....
....
....
☆ ....
....

Vous et vos amours

À deux

Tout vous incite à plus d'attention, de sincérité et de franchise. Ainsi, ce mois-ci, optez pour un dialogue de vérité avec votre moitié. Mettez à plat vos émotions, parlez de vos aspirations, redessinez votre relation.

Couple en crise

En ce dernier mois de l'année, les astres ne vous offrent aucune porte de sortie. Ainsi, si vous n'avez pas saisi les opportunités d'amélioration passées, vous aurez bien du mal à trouver votre équilibre et des relations harmonieuses.

Célibataire

Ce mois-ci, les astres vous «poussent» à mieux cerner vos aspirations et vos désirs. Profitez-en pour faire le point sur votre vie amoureuse et sur vos expériences passées. Tirez-en les bons enseignements et ne craignez pas de vous remettre en question.

Vos points forts

Une plus grande facilité d'analyse.

Vos points faibles

Des problèmes pour bien communiquer.

Faites le point sur votre vie amoureuse

Quelles sont vos envies du moment?

Où en êtes-vous dans votre relation?

☆ ....

....

....

☆ ....

....

....

☆ ....

....

....

☆ ....

....

....

☆ ....

....

De quels moyens disposez-vous pour faire évoluer votre situation?

☆ ....

....

....

☆ ....

....

....

☆ ....

....

....

☆ ....

....

....

....

Vous et votre bien-être

Tous les indices sont au rouge. Il est grand temps pour vous de vous mettre au vert et de marquer une pause. Ne cherchez pas à tester les limites de votre organisme, vous pourriez le regretter.

Vos points forts

Un désir de mieux vivre.

Vos points faibles

Une tendance à l'épuisement intellectuel.

Vos objectifs bien-être de décembre

★ ....

....

....

★ ....

....

....

★ ....

....

....

....

★ ....

....

....

★ ....

....

....

....

À vous de jouer !

Listez les atouts offerts par les astres

☆ ....
....
....
☆ ....
....
....
☆ ....
....
....
☆ ....
....
....
☆ ....
....
....

Listez les actions possibles

☆ ....
....
....
☆ ....
....
....
☆ ....
....
....
☆ ....
....
....

Les plus de votre ascendant

Capricorne – Bélier: attendez-vous à une légère baisse d'énergie. Tout vous invite à ralentir la cadence et à mieux définir vos priorités.

Capricorne – Taureau: efforcez-vous d'être plus optimiste et ne vous laissez pas démoraliser par les événements.

Capricorne – Gémeaux: profitez de ce dernier mois de l'année pour mieux communiquer avec vos proches ou avec votre partenaire.

Capricorne – Cancer: mois de flottement, et ce, quel que soit le domaine. Essayez d'avancer en faisant preuve d'adaptabilité.

Capricorne – Lion: tout vous amène à entreprendre, à agir et à multiplier les projets. Prenez des initiatives. Établissez des plans concrets pour les mois à venir.

Capricorne – Vierge: ne vous laissez pas griser par votre situation ou ne cédez pas à l'insatisfaction. Efforcez-vous de garder votre cap.

Capricorne – Balance: faites preuve de diplomatie et ne cherchez pas à passer en force. Misez sur la douceur et la bonne humeur en amour comme en famille.

Capricorne – Scorpion: c'est un bon mois pour mener à bien une négociation, pour signer un contrat ou encore trouver un accord.

Capricorne – Sagittaire: tout vous incite à plus de réflexion et de prudence. Pas question pour vous d'agir avec précipitation.

Capricorne – Capricorne: dernier mois de 2024 qui vous «oblige» à puiser dans vos ressources pour faire face à vos obligations. Courage!

Capricorne – Verseau: la période est idéale pour reprendre en main votre vie sentimentale et mettre un peu de douceur dans votre quotidien.

Capricorne – Poissons: l'heure du bilan est venue. À vous de faire votre révolution et votre introspection. Examinez tout en détail en vue de remettre les compteurs à zéro.